MISTERIO NON STOP

-

FANTASMAS, LEYENDAS, OVNIS, TEORÍAS DE LA CONSPIRACIÓN,…..

ÍNDICE

CIENCIA, CONSPIRACIONES Y *CONSPIRANOÍAS*

INTRODUCCIÓN DEL AUTOR

No hay mayor misterio que la vida. Ésta puede ser observada y estudiada desde la biología, la química, la psicología, la filosofía, la teología,…; pero desde todos los puntos de vista resulta un misterio. ¿Por qué existe la vida y, más aún, qué es la vida? Y por si fuera poco, el misterio nos rodea a los seres vivos provocando que el enigma se multiplique de forma exponencial. Pero estas no son las páginas adecuadas para existencialismos; este libro propone mirar con los ojos de un niño rebosantes de curiosidad los secretos que aparecen a nuestro alrededor alimentando la mente del lector con diversos temas. La variedad de la materia tratada no impide que algunos de ellos se agrupen según la temática común que abordan. Se inicia un viaje que parte de la inmensidad del universo y de la posibilidad de vida extraterrestre para, posteriormente, analizar algunos fenómenos de apariciones y las más intrigantes leyendas y mitos, para terminar con la compleja relación entre la ciencia y las teorías de la conspiración que surgen continuamente.

No me alargo más, espero que disfrute de la lectura y le sirva para preguntarse si lo que nos rodea es sólo lo que creemos vislumbrar o hay algo detrás que, aunque difuso, quizás podamos ver con la mirada de una mente crítica.

OVNIS,
VIDA EN OTROS PLANETAS
Y EL ESPACIO EXTERIOR

LAS MISTERIOSAS FOTOGRAFÍAS DEL CURIOSITY EN MARTE

Simpático selfie del Curiosity. Fuente: NASA.

La Mars Science Laboratory, conocida como Curiosity ("Curiosidad"), es una misión espacial que incluye un pequeño laboratorio rodante que está realizando fotos y análisis de la superficie marciana desde el 6 de agosto de 2012.

Desde un primer momento, se ha prestado mucha atención a las imágenes y datos enviados por el robot durante su travesía por la superficie de Marte. Entre la multitud de fotos enviadas hay varias que han llamado la atención de científicos y curiosos. Frente a todas ellas, la NASA ha intentado dar una visión científica que no se identifique con la existencia de vida extraterrestre actual o pasada. En estas páginas voy a presentar algunas de las imágenes más extrañas y curiosas:

1- La "flora marciana".

En enero de 2013 se fotografió algo que parecía ser una flor. La explicación de la NASA no se hizo esperar: era una pieza de la propia nave de la misión espacial de exploración.

2- La "fauna marciana".

Existen varias fotografía en los que aparecen formas similares a animales vivos o restos fósiles. La primera fue una especie de ardilla o algún tipo de roedor en mayo de 2013.

Siguieron otras extrañas formaciones geológicas, como un lagarto y otras muchas fotografías en la que aparecen supuestos restos fósiles.

La explicación oficial y más racional es que son formaciones geológicas que se convierten en pareidolias a la vista del ojo humano. Es decir, que si creemos que son algo distinto de rocas es porque, dada su similitud, tenemos una percepción errónea y creemos que son objetos o cosas distintas de los que son en realidad. Por lo tanto, concluyeron que eran simples rocas.

3- El casco.

En mayo de 2013 se fotografió algo que parecía un casco.

4- El cráneo.

Al casco le faltaba la cabeza que lo llevaba. Pero ésta no tardó en aparecer.

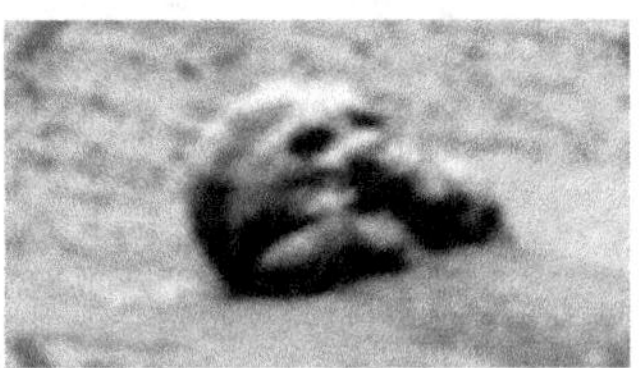

5- La Pirámide.

El 7 de mayo de 2015, una misteriosa roca llamó la atención de los técnicos de la NASA. La extraña roca tenía forma de pirámide.

Inmediatamente, dirigieron el robot en la dirección en la que se encontraba la pirámide. La misma resultó tener una altura de unos 25 centímetros de alto. Una vez junto a ella, comenzaron los análisis.

El resultado de los mismos fue claro desde el punto de vista geológico: se trata de una roca volcánica. Según indicaron los expertos, aunque no es lo común, también en la Tierra existen rocas volcánicas que, tras romperse, adquieren esa forma afilada y angular.

6- La mujer paseando.

En mayo de 2015 aparece una misteriosa foto digna de una película de fantasmas. Una misteriosa mujer se pasea por Marte.

La mujer recordó a aquella roca con forma de mujer sentada que fue fotografiada por el Rover Spirit en Marte en 2007.

7- La nave espacial de *Star Wars*.

¿Y si no fuimos los primeros llegar a Marte? ¿Rodarían allí alguna parte de *Star Wars*? Le preguntaremos a George Lucas.

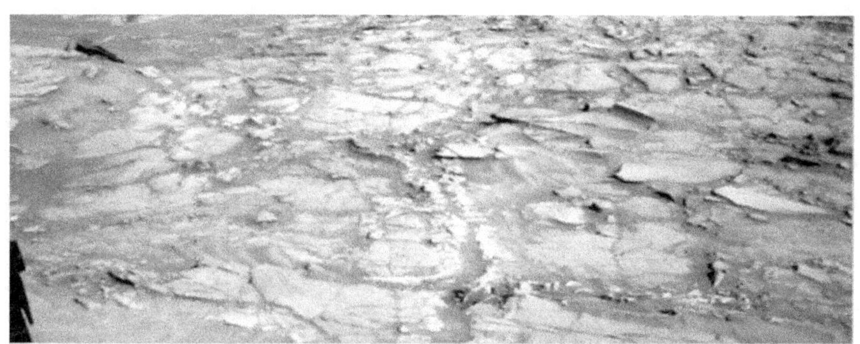

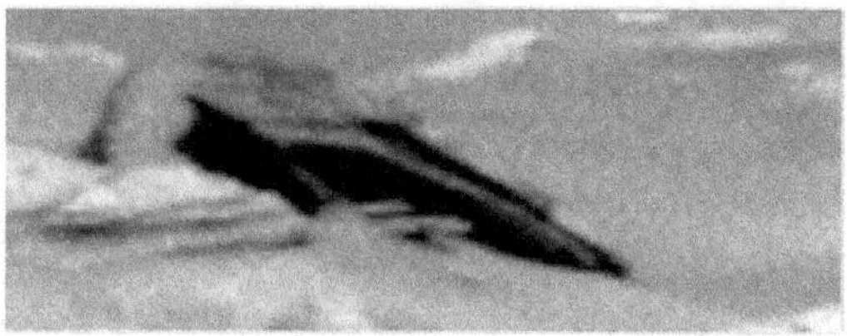

Seguro que seguirán apareciendo más fotos que darán lugar a más preguntas. Que cada uno llegue a la conclusión que crea oportuna.

LOS FLUJOS DE AGUA LÍQUIDA DE MARTE

Desde hace algún tiempo, los investigadores y la propia NASA discuten si existe agua líquida en Marte. Si existiera, apoyaría la idea de que existe vida en el Planeta Rojo y podría servir para una colonización futura.

Se sabe que hay agua congelada debido a las bajas temperaturas de Marte, ¿pero existe agua líquida? Hay unas fotos que parecen demostrarlo. Son unos surcos que cambian según la estación del año. Así, cuando las temperaturas son menos bajas aumentan de longitud, mientras que cuando son más frías, parece que disminuyen.

Los críticos dicen que pueden ser restos de arena debido a los vientos, ya que las fuertes tormentas de polvo asolan el planeta.

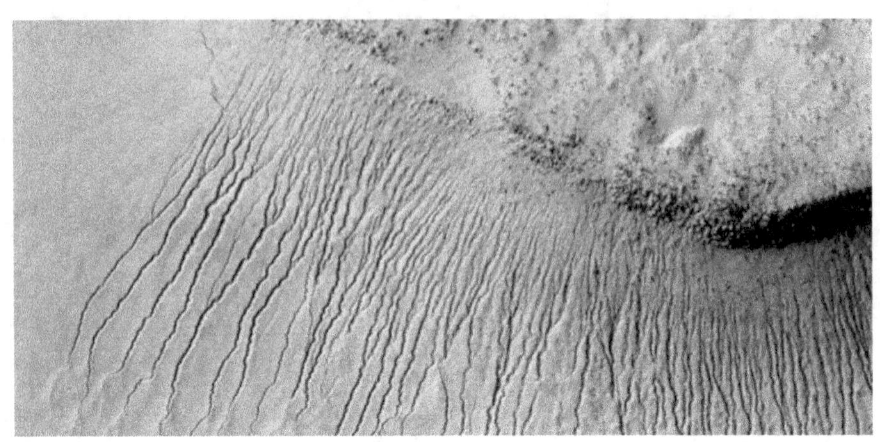

Imagen de los surcos de supuesta agua líquida.

El misterio continúa, aunque seguramente más pronto que tarde, las nuevas exploraciones e investigaciones darán una respuesta.

UN TANQUE EN LA LUNA

La NASA ofreció al público una serie de fotografías de la Luna y una de ellas ha llamado especialmente la atención. El ufólogo Scott C. Waring cree que puede tratarse de los restos de un carro de combate.

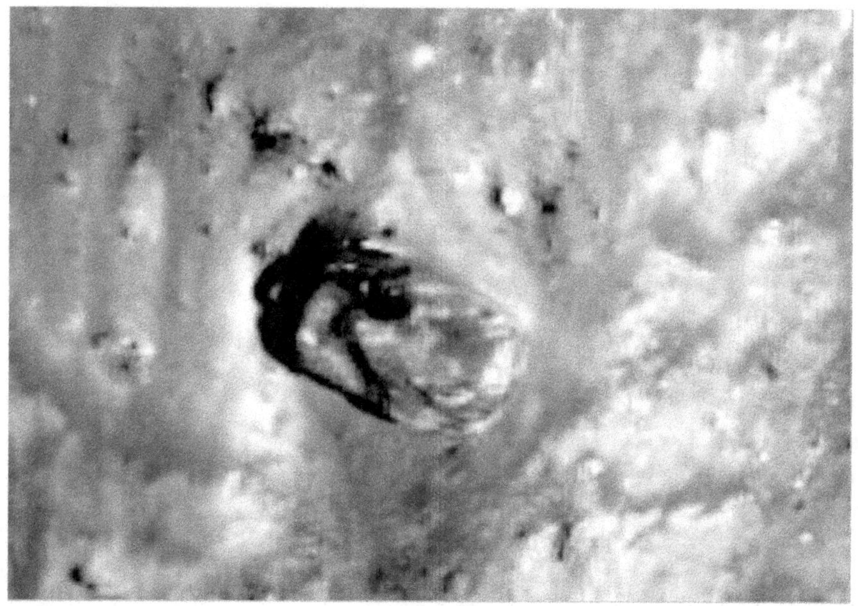

Imagen del supuesto tanque.

En la imagen pueden verse dos piezas irregulares: una más ancha y otra más estrecha. Algunos han interpretado que son los restos de un tanque de guerra. La parte de abajo se correspondería con la base, en la que iría la tripulación, el motor y la oruga; mientras que la parte superior se correspondería con la típica torreta.

Los científicos dicen que se trata de una pareidolia: un fenómeno psicológico en el que una imagen de forma vaga o irregular es interpretada, erróneamente, como una forma reconocible. Desde este punto de vista, se trataría de una roca o grupo de rocas que tiene una forma caprichosa que algunos han interpretado erróneamente.

Sea un tanque selenita o una invención de terrícolas más o menos lunáticos, la Luna sigue albergando misterios.

UN OVNI EN LA ESPAÑA DE 1826 EN CAMPO DE CRIPTANA (CIUDAD REAL)

Muchos creen que el fenómeno OVNI aparece a mitad del siglo XX más o menos, pero hay testimonios de tiempo atrás. Uno de los primeros casos con eco en la prensa española se produjo en el siglo XIX, concretamente el 14 de febrero de 1826.

Los hechos ocurrieron, supuestamente, en la localidad manchega de Campo de Criptana. La noticia apareció en periódicos como el Diario de Barcelona o el Diario Mercantil de Cádiz. Éstos hablaron de un "fenómeno extraordinario" protagonizado por un "globo de fuego de una magnitud extraordinaria, y de figura piramidal". Reproduzco aquí la noticia tal y como se dio en la época.

"El 14 del corriente ocurrió en esta villa un fenómeno extraordinario, que ha fijado la atención de sus habitantes, y que quizá podrá ofrecer materia a los hombres ilustrados para hacer investigaciones y adelantamientos en las ciencias naturales.

En dicho día y hora de las 7 y 50 minutos de la mañana, se dejó ver en el aire un globo de fuego de una magnitud extraordinaria, y de figura piramidal, o mas bien, del todo semejante a una gran tinaja vuelta boca abajo, descendiendo hacía la tierra con movimiento oblicuo y con dirección de occidente a norte: dejaba en su descenso una ráfaga o cola de humo bastante grande, que notaron bien cuantos lo observaron desde el campo. Su luz era tan resplandeciente, que deslumbraba a cuantos lo vieron al acercarse a la tierra, como a la altura de 40 varas, por lo que no pudieron ver si llegó a tierra, o se desvaneció en el aire; pero sí, que en su movimiento en nada se asemejaba a una exhalación, pues este era sin comparación mas pausado. Y es de notar, que a la hora que se vio este fósforo ó globo luminoso, estaba la atmósfera del todo despejada y el sol muy claro, sin que esto impidiese el verlo con tanta claridad, que todos creían que cayó muy inmediato al sitio en que se hallaban; pero es indudable que al N. de esta villa, y camino que va al Quintanar, es donde realmente cayó, según informan los que lo observaron mas de cerca".

Numero 3497.—Su precio 6 cuartos.

DIARIO MERCANTIL DE CÁDIZ,

DEL LUNES 6 DE MARZO DE 1826.

SAN VICTOR, MÁRTIR.

El Jubileo de las 40 horas está en la iglesia de S. Francisco.

Afecciones astronómicas de hoy.

Sale el sol á las 6 h. y 13', y se oculta á las 5 h. y 47'.

Afecciones meteorológicas de antes de ayer.

Epocas del dia.	Barómetro.	Termóm.	Vientos.	Atmósfera.
A las 9 la mañana.	30, 1, 90.	59 05.	NE.	Claro.
A las 12 del dia...	30, 1, 70.	61 03.	NO.	Idem.
A las 6 de la tarde.	30, 1, 40.	61 07.	Id.	Idem.

Mareas en esta bahía.

La Bajamar á las 6 h. 37' med.   2.a Bajamar á las 7 h. 4' noch
La Altamar á las 12 h. 51' mañ.

Gaceta estraordinaria de Madrid del Domingo 26 de Febrero.

FENÓMENO ESTRAORDINARIO.

Campo de Criptana (Provincia de la Mancha) 17 de Febrero. El 14 del corriente ocurrió en esta villa un fenómeno estraordinario, que ha fijado la atención de sus habitantes, y que quizá podrá ofrecer materia á los hombres ilustrados para hacer investigaciones y adelantamientos en las ciencias naturales.

En dicho dia y hora de las 7 y 50 minutos de su mañana, se dejó ver en el aire un globo de fuego de una magnitud estraordinaria, y de figura piramidal, ó mas bien, del todo semejante á una gran tinaja vuelta boca abajo, descendiendo hacia la tierra con movimiento oblicuo y con dirección de occidente á norte : dejaba en su descenso una ráfaga ó cola de humo bastante grande, que notaron cuantos lo observaron desde el campo. Su luz era tan resplandeciente, que deslumbraba á cuantos lo vieron al acercarse á la tierra, como á la altura de cuarenta varas, por lo que no pudieron ver sí llegó á tierra, ó se desvaneció en el aire ; pero sí, que en su movimiento en nada se asemejaba á una exhalacion, pues este era sin comparacion mas pausado. Y es de notar, que á la hora que se vió este fósforo ó globo luminoso, estaba la atmósfera del todo despejada y el sol muy claro, sin que esto impidiese el verlo con tanta claridad, que todos creian que cayó muy inmediato al sitio en que se hallaban ; pero es indudable que al N. de esta villa y camino que vá al Quintanar, es donde realmente cayó, según informan los que lo observaron mas de cerca.   (G. de M.)

UN OVNI SOBRE EL CAMPO DEL SUR (CÁDIZ): 5 DE SEPTIEMBRE DE 1979

Que un OVNI aparezca frente a una ciudad de más de 100.000 habitantes y sea presenciado por muchos vecinos no es algo corriente. Esto sucedió el 5 de septiembre de 1979 en Cádiz, capital de la provincia del mismo nombre. Además, pudo ser fotografiado por el conocido fotógrafo gaditano Ángel García Movellán que mandó la fotografía al histórico Diario de Cádiz, que colocó la imagen en la portada.

Así contó la noticia el Diario de Cádiz el 7 de septiembre de 1979:

"La noticia que dimos ayer sobre el avistamiento de un objeto luminoso sobre el cielo de Cádiz ha causado gran conmoción en la ciudad. Los comentarios de todo tipo, y para todos los gustos, se han venido sucediendo a lo largo de la jornada. Las llamadas a nuestra redacción y las visitas de personas expertas en el tema han sido muy frecuentes y cada uno aporta su opinión. Lo cierto es que muchos gaditanos, como nuestros redactores, vieron claramente el objeto luminoso. Entre los testimonios que hemos recogido ayer destaca el de una persona que nos pide que no revelemos su identidad. Esta persona vio el "OVNI" en dos ocasiones y a horas distintas que nuestros redactores. A las 03:05 y a las 03:20 de la madrugada. A esas horas, asegura, se apagó el alumbrado de Cádiz. Por nuestra parte podemos asegurar que en esos momentos en las calles próximas a Ceballos, se fue la luz e incluso se produjo un amago de apagón en el Diario. También hemos recibido llamadas desde el Puerto

Santamaría (localidad cercana a la capital gaditana) asegurando que el "OVNI" pudo verse claramente sobre el cielo de la urbanización Vista Hermosa. Recordamos a nuestros lectores que los redactores de éste periódico vieron claramente el objeto luminoso sobre el Campo del Sur y que, en una fracción de segundo aumentó considerablemente de tamaño y desapareció. En la foto de Movellán, aparece el objeto luminoso en el Campo del Sur. Debido al movimiento rotatorio del objeto, su imagen aparece algo mayor de la que se podía apreciar en la observación directa".

La verdad es que la noticia resulta el sueño de todo ufólogo: un OVNI se presenta tranquilamente frente a una gran ciudad y se producen al mismo tiempo varios apagones. Por si fuera poco, aunque la noticia no lo dice, algunos dijeron ver como la luz se sumergía en el agua.

Las posibles explicaciones:

1- La fotografía y el avistamiento fue real, pero era chatarra espacial (quizás el resto de algún satélite) o un avión.

2- El avistamiento fue real, pero la fotografía era el reflejo de las farolas en el mar, que ocasionaban un efecto "falso" en el objetivo de la cámara.

3- El avistamiento fue un invento y se produjo un efecto contagio. Entonces la fotografía sería, al igual que en la hipótesis anterior, un reflejo de la iluminación artificial del paseo marítimo del Campo del Sur.

Fuera lo que fuera, la noticia fue muy sonada en una época en la que los avistamientos de OVNIS se producían más a menudo que ahora. Además, en una ciudad trimilenaria como Cádiz, donde las historias de OVNIs, el cráter de la bahía (del que ya hablaremos en otra ocasión) y los más variados misterios, alimentan los interrogantes, pero los dejan sin respuestas.

Imagen tomada en 2007 del Campo del Sur,
lugar en el que se produjo el supuesto avistamiento.
Autor de la fotografía: Gabriel Rodríguez Morales.

EL OVNI DEL BOSQUE DE RENDLESHAM

El caso es conocido en los *dossiers UFO* como "El incidente de Rendlesham Forest" y es uno de los casos más documentados y con testimonios más fiables entre los avistamientos de OVNIs. El hecho ocurrió en diciembre de 1980, en plena Guerra Fría. Por si fuera poco, el incidente se produjo en las proximidades de dos bases aéreas situadas en Inglaterra y que, en ese momento, estaban bajo el control de la Fuerza Aérea de los Estados Unidos.

Son dos las fechas en las que se produjeron los incidentes: el 26 de diciembre y el 28 de diciembre de 1980.

<u>Unas luces extrañas en el bosque.</u>

La madrugada del 26 de diciembre era una noche sin tráfico aéreo debido las fiestas de Navidad, así que todos se extrañaron cuando una patrulla de vigilancia avisó de que había unas luces extrañas que podían verse a través los árboles del bosque colindante.

La explicación lógica era que se trataba del faro Orford Ness, situado a cinco millas de distancia (aproximadamente ocho kilómetros). Como argumento en contra se arguyó que si así hubiera sido, se habría visto todos los días y no sólo esa noche. Como respuesta, algunos dijeron que las luces del faro eran visibles o no en el bosque dependiendo de las condiciones meteorológicas.

Una patrulla se adentró en el bosque para tratar de averiguar cuál era el origen de esas misteriosas luces. La Guerra Fría estaba en su apogeo y el temor a un ataque nuclear por parte de los soviéticos estaba en la mente de los militares allí destinados. Los animales de las granjas de alrededor estaban alborotados, pero eso no amilanó a los militares, que avanzaron hacia el origen de la luz.

Allí esperaban encontrar los restos de un avión que se hubiera estrellado en el bosque, pero no fue eso fue lo que hallaron, sino un extraño objeto de forma cónica que desprendía una misteriosa luz palpitante de tonos azules y rojizos. Uno de los soldados se fijó como en uno de los laterales había unos extraños símbolos. A pesar del miedo, copió los símbolos en una libreta y los enseñó en un programa de televisión producido por la cadena Syfy ("Paranormal Witness"). También pueden verse en la página del investigador Nick Pope (http://nickpope.net). De pronto, el objeto comenzó a moverse y se alejó de la patrulla, desapareciendo de su vista.

Por la mañana, la patrulla volvió al lugar del suceso junto a la policía local. Pudieron verse restos de unas marcas en el suelo con forma triangular. La policía local dijo que podían ser agujeros hechos por conejos, pero era evidente que la forma dibujada era extraña.

Los restos de radiación en la zona.

El 28 de diciembre volvió la patrulla a la zona con detectores de radiación. Las lecturas mostraron que la radiación era más alta de lo normal. Por si fuera poco, volvieron a verse tres luces desconocidas en el cielo.

<u>La grabación del Teniente Coronel Halt.</u>

Esa misma mañana del 28 de diciembre, cuando se llevaban a cabo los trabajos de registro de la radiación de la zona, se realizó una grabación de audio por parte del Teniente Coronel Charles Halt. La conversación sobre las extrañas luces fueron grabadas. El investigador Ian Ridpath hizo pública una copia de la cinta de casete, con una duración de 18 minutos y 22 segundos. La grabación puede oírse en la página web del citado investigador.

<u>Las posibles explicaciones del suceso.</u>

Hay varias explicaciones acerca del suceso que intentan dar una visión alejada de cualquier actuación alienígena:

- La luz que se veía era del faro situado a 8 kilómetros.

- Las señales en el suelo fueron hechas por conejos u otros animales.

- Los instrumentos utilizados para medir la radiación no eran los adecuados, porque medían la radiación de fondo y no servían para el caso concreto.

- Las luces y restos eran de un satélite o cohete soviético. Por ejemplo, el Cosmos 749.

- Las luces fueron una broma hecha por militares británicos a los estadounidenses. Pero este extremo nunca ha sido confirmado y carece de evidencias.

En todo caso, nada resulta del todo convincente. Resulta sorprendente que, tantos años después, los militares implicados en el suceso siguen afirmando que vieron ese extraño objeto cónico, así como que las extrañas luces no provenían del faro.

Actualmente, en el bosque de Rendlesham puede encontrarse una construcción piramidal que recuerda el famoso incidente OVNI.

VÍDEO DE UN CAZA F-18 DE LOS ESTADOS UNIDOS PERSIGUIENDO A UN OVNI

El hecho ocurrió en noviembre de 2004. Dos cazabombarderos F-18 de los Estados Unidos estaban realizando unas maniobras a 160 kilómetros de la costa de California. Como precedente, hay que decir que el crucero U.S.S. Princenton llevaba dos semanas detectando unas señales que parecían corresponderse a varias aeronaves que se elevaban hasta los 24.000 metros de altura para descender hacia el mar, pararse a unos 6.000 metros de éste y, a continuación, desaparecer del radar. Hasta ese momento no había explicación, pero a veces los radares juegan malas pasadas, incluso en pleno siglo XXI. Pero lo sorprendente fue cuando se produjo un avistamiento en pleno vuelo por los tripulantes de dos cazabombarderos F-18. El objeto no identificado se trataba de un objeto ovalado de color blanquecino que volaba a pocos metros de altura sobre el nivel del mar. Medía aproximadamente doce metros y parecía dar saltos de forma arbitraria sin dirigirse hacia ningún objetivo concreto. Pero, de pronto, el objeto comenzó a ascender hacia los F-18 y los pilotos iniciaron una maniobra descendente en dirección al objeto. El objeto volante pareció reaccionar y, en palabras del piloto, "aceleró como nada que haya visto", perdiéndose el contacto visual y por radar. El U.S.S. Princenton les marcó un punto de encuentro a 100 kilómetros de distancia y, de forma sorprendente, los radares del crucero volvieron a detectar el objeto en el mismo punto de reunión que había marcado para el avión. En menos de un minuto había recorrido cien kilómetros. Sin embargo, cuando llegaron al punto de encuentro, no había rastro del OVNI. El

Ejército de los Estados Unidos hizo pública la grabación en 2017 y puede verse en varios canales de Internet.

"WOW!": LA MISTERIOSA SEÑAL DE POSIBLE ORIGEN EXTRATERRESTRE

Fue en el verano de 1977, concretamente el 15 de agosto a las 23:16 horas, cuando el gigantesco observatorio astronómico "Big Ear" situado en Ohio (USA) registró una misteriosa señal. Duró setenta y dos segundos y era muy superior al ruido de fondo. El voluntario del Proyecto SETI, Jerry R. Ehman escribió sorprendido "Wow!" al lado del registro de la señal. La señal provenía de la constelación de Sagitario, a 220 años luz.

Los más aventurados señalan que pudo ser una señal de origen extraterrestre que se cortó abruptamente y no volvió a repetirse. Otros dicen que pudo ser un satélite espía, mientras que algunos científicos dicen que provenía de un cuerpo celeste. Ninguno de ellos ha podido demostrar el origen de con total seguridad. En 2017, el astrónomo Antonio Paris defendió que el origen se encontraba en un cometa que dejaba una estela de hidrógeno que, a su vez, causó que se produjera un sonido superior en treinta veces al ruido de fondo. Esto sirvió para que muchas publicaciones dijeran que el misterio de la señal "Wow!" se había resuelto, pero hubo varias voces discordantes entre los científicos. Los críticos arguyen que el cometa no ocupaba exactamente el lugar al que apuntaba esa noche el "Big Ear", así que la emisión de frecuencia por las nubes de hidrógeno no era explicación suficiente. El mismo descubridor de la señal, Jerry R. Ehman, dijo que si hubiera sido el cometa, la señal se habría repetido dos veces en un margen de tres minutos; además, las nubes de hidrógeno son difusas y no está suficientemente demostrado que pudieran producir esa señal. Para Ehman, lo más probable es que fuera una FRB, una ráfaga de radio de origen desconocido que también pudo ser producida por una señal terrestre reflejada por la basura espacial.

Tantos años después, el misterio sigue y a él se han sumado nuevas señales de radio de origen desconocido, como la proveniente de la estrella Ros128, situada a "sólo" 11 años luz de la tierra.

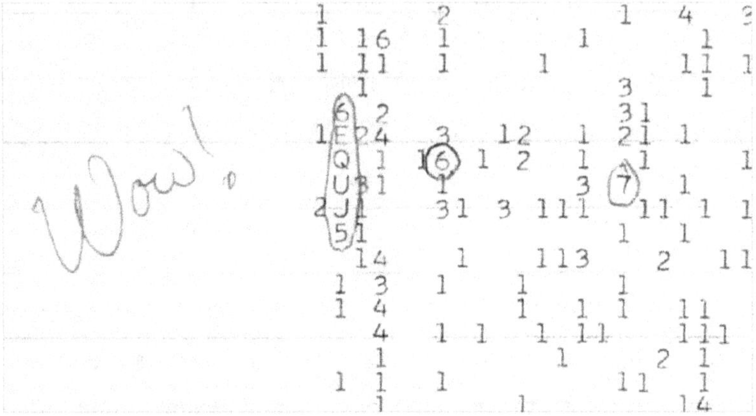

La señal rodeada con un círculo con "Wow!" escrito al lado.
Fuente: Big Ear Radio Observatory and North American AstroPhysical Observatory (NAAPO) .

UNA GALAXIA CHOCARÁ
CON LA VÍA LÁCTEA

Sí, el titular es cierto. Puede parecer aparatosamente sensacionalista, pero es una realidad que todos los astrónomos aseguran. Eso sí, sucederá dentro de 4.500 millones de años.

Nosotros vivimos en el Sistema Solar, que se encuentra dentro de la Vía Láctea. La galaxia Andrómeda se dirige a una velocidad de 41 kms. por segundo hacia la Vía Láctea. Andrómeda es el doble de extensa que la Vía Láctea y el choque será de refilón, pero de tal entidad que hará que ambas se fusionen en una sola galaxia (que algunos han llamado Lactómeda). Además, a ellas se unirá la galaxia Triángulo, bastante menor que nuestra Vía Láctea, que en la actualidad está empezando a chocar con Andrómeda.

¿Qué sucederá con la Tierra y el resto Sistema Solar?

Según los astrónomos, es muy posible que el Sol y la Tierra sobrevivan al impacto, pero se verán desplazados. Lo mismo podría suceder con otros planetas del Sistema Solar.

También hay que decir que, para entonces, salvo que la tecnología haya avanzado hasta límites insospechables hoy en día, la vida en la Tierra ya sería imposible antes del choque entre las galaxias. La razón es que el sol se encontraría en proceso de convertirse en una estrella gigante roja, de manera que la altísima temperatura y el efecto invernadero haría imposible la vida en la Tierra mucho antes del choque.

Galaxia de Andrómeda en la actualidad.
Fuente de dominio público: NASA.

FANTASMAS, POSESIONES Y CASAS ENCANTADAS

EL MISTERIOSO VÍDEO DEL CECIL HOTEL Y LA MUERTE DE ELISA LAM

La mayoría de veces, supuestos hechos paranormales carecen de grabaciones que puedan probar o, al menos, servir de indicio sobre lo sucedido. Pero, en contadas ocasiones, hay imágenes relacionadas con acontecimientos misteriosos que, como en este caso, no aportan una solución al problema, sino que aumentan la incertidumbre alrededor del mismo.

Vayamos hasta Los Ángeles, concretamente al Cecil Hotel. Este hotel fue construido en la década de los 20 del siglo XX para servir de alojamiento asequible a los turistas y viajeros por razón de negocios. El hotel era famoso por haber servido de alojamiento a dos de los más conocidos asesinos en serie de Estados Unidos: a Richard Ramírez en 1985 y a Jack Unterwegger en 1991. Allí también se hospedaba Elizabeth Short (llamada La Dalia Negra), descuartizada y asesinada en un descampado en 1947. Varios suicidios cometidos por personas que se lanzaron desde las ventanas del hotel aumentaron la leyenda negra del alojamiento y le dieron fama de maldito. Todo esto hizo que el Cecil Hotel sirviera, en parte, para inspirar la quinta temporada de *American Horror Story*, a la que subtitularon *Hotel*.

Por si fuera poco, en este hotel ocurrió en 2013 un caso asombroso sobre el que no hay una explicación clara.

Elisa Lam era una canadiense de origen asiático que estaba de turismo en Los Ángeles. Tenía veintiún años, medía 1,62 m. y pesaba unos 52 kgs. Había desaparecido y los padres, asustados, llamaron a la policía. Comenzó la búsqueda con la sospecha de que se hubiera cometido un acto criminal. El 6 de febrero de 2013 se anunció por la policía que Elisa había desaparecido sin dejar rastro, dándose publicidad al caso por si alguien podía aportar alguna pista.

Las pesquisas no daban resultado hasta que revisaron las cámaras de video del Cecil Hotel en el que se alojaba Elisa. Había una terrorífica grabación fechada el 31 de diciembre de 2015 en la que se podía ver a Elisa ocultándose de algo y haciendo extraños gestos. Por si fuera poco, le daba a todos los botones del ascensor como si estuviera huyendo de algo, pero el ascensor no se movía. El vídeo circula por internet y puede verse en Youtube y otros canales de reproducción. Esa fue la última imagen de Elisa. El tiempo pasaba y no se tenía pista alguna de dónde podía estar.

Algunos clientes del hotel se quejaban del extraño sabor del agua. Los encargados del mantenimiento del hotel subieron a la azotea, en la que hay cuatro tanques que sirven como depósito de agua. Cada tanque está cubierto por una pesada escotilla que lo cubre de la intemperie. Al levantar una de ellas encontraron el cuerpo de una mujer; estaba desnuda y a su lado, flotando junto a ella, estaban sus ropas. Se trataba de Elisa Lamp, la chica que había desaparecido siete días antes.

La conclusión de la investigación fue que la joven había fallecido ahogada en el tanque. La autopsia reveló que no había consumido drogas ni alcohol. También se confirmó que, aunque la joven podía padecer un trastorno bipolar, más que como un suicidio, podía ser calificado como un accidente.

Sin embargo, surgieron graves preguntas sobre la misteriosa muerte de Elisa:

1- ¿Qué veía Elisa? ¿Eran alucinaciones debidas a las drogas o a alguna enfermedad psiquiátrica? La autopsia reveló que no había tomado drogas ni alcohol; por otro lado, un trastorno bipolar puede dar lugar a que el sujeto tenga alucinaciones, pero no es la característica más relevante de esa enfermedad y no alcanzan, normalmente, la relevancia que tiene en otro tipo de trastornos (como la esquizofrenia).

2- ¿Por qué el ascensor no respondía a los botones que marcaba Elisa? Por si fuera poco, el ascensor comenzó a funcionar normalmente cuando la chica salió del mismo; en ese momento, las puertas del ascensor se cerraron e hizo las paradas señaladas por los botones marcados previamente por Elisa.

3- ¿Qué estaba viendo Elisa? Era algo o alguien que le asustaba, pero a la vez intentaba comunicarse con "él" con exagerados gestos.

4- ¿Cómo pudo subir a la azotea sin que saltara la alarma? La azotea carecía de cámaras de seguridad y la puerta de acceso no estaba cerrada con llave, pero si tenía una alarma que debía que sonar una vez que alguien abriera la puerta. Sin embargo, la alarma no sonó.

5- ¿Cómo pudo abrir la pesada escotilla que cubría el depósito y una vez en el agua volver a cerrarla? Y en el caso de que hubiera sido asesinada, ¿cómo pudo una persona abrir la escotilla y posteriormente subir a Elisa (aún viva porque había muerto ahogada en el tanque) por unas complicadas escaleras, tirarla dentro del tanque y volver a poner la tapa como si nada hubiera pasado?

Por último, y como guiño a los cinéfilos, es bastante curiosa la relación entre esta historia y la película japonesa de terror *Dark Water* del año 2002 (y su *remake* "made in USA" de 2005).

LA CASA ENCANTADA DE AMITYVILLE
(112 OCEAN AVENUE)

Si a alguien le preguntamos por una casa encantada, probablemente nos conteste "Amityville". Los supuestos hechos acaecidos en el número 112 de Ocean Avenue de Amityville, en el condado de Suffolk (Nueva York), son conocidos mundialmente por haber sido protagonista de más de una película de terror, siendo las más conocidas *The Amityville Horror* (1979) y su *remake* de 2005.

La casa de Amityville es una mansión que tiene varias plantas, un sótano y un embarcadero. Aunque hay construcciones previas, la casa en la que ocurrieron los hechos se construyó en el año 1928.

112 Ocean Avenue de Amityville, en el estado de Nueva York (Estados Unidos).Imagen de dominio público: Wikipedia Commons.

Como precedente a los hechos paranormales se produjo el asesinato de una familia entera. La familia De Feo vivía en la casa desde 1965. Uno de los hijos, Ronald de Feo consumía drogas habitualmente (sobre todo heroína y LSD) y era muy conflictivo. El 13 de noviembre de 1974, Ronald de Feo Jr., que en ese momento tenía veintitrés años, asesinó a toda su familia (su padre, su madre y sus cuatro hermanos pequeños). La noche anterior había colocado somníferos en la comida. Les disparó mientras dormían en sus camas. Sólo se despertaron la madre y una de sus hermanas, pero eso no les salvó de ser asesinadas. El asesino dijo que unas voces le habían ordenado cometer el crimen. Algunos creen que fue una estratagema para que fuera condenado como enfermo mental y ser internado en un hospital psiquiátrico en lugar de ir a la cárcel. En todo caso, la sentencia determinó que era plenamente consciente de sus actos en el momento del crimen, por lo que fue condenado a cadena perpetua.

El asesino, Ronald de Feo Jr.

Hasta aquí los cruentos hechos relacionado con el asesinato de la familia De Feo. Ahora pasamos a relatar los supuestos hechos paranormales ocurridos en la casa, que sufrieron la familia Lutz.

La familia Lutz estaba formada por el padre de familia, George, y su esposa Kathy, a los que sumaban tres hijos (Danny, Chris y Missy). Los tres hijos provenían de un matrimonio anterior de Kathy. George y Katz se habían casado en julio de 1975 y habían decidido dar el cambio definitivo a sus vidas vendiendo sus propiedades y comprando una nueva vivienda. Habían buscado varias casas por la zona y encontraron la vivienda situada en 112 de Ocean Avenue mediante un anuncio en un periódico. Según declaró George Lutz en una entrevista, antes de comprar la casa ya sabían que el año anterior se había cometido el asesinato de la familia De Feo. La casa parecía una ganga: vendían por 90.000 dólares una vivienda que debía costar 110.000 dólares. Finalmente, consiguieron comprar la vivienda por 80.000 dólares en diciembre de 1975. En ese momento, Amityville tenía poco más de 9.000 habitantes. En el jardín de la casa aún se mantenía un cartel que colocó su anterior propietario: "High Hopes" ("Grandes Esperanzas").

Los hechos que describo a continuación son los que contó la familia Lutz.

George Lutz era metodista, pero había conocido al sacerdote católico Ralph Perocaro (padre Ray, para los amigos) en el proceso de nulidad de su matrimonio anterior, que fue un matrimonio canónico con una mujer católica. A raíz del proceso de nulidad, había entablado amistad con el sacerdote y le pidió que fuera a bendecir la casa. Cuando estuvo en la casa para la bendición, el sacerdote le dijo que notó una sensación muy extraña en una de las habitaciones del segundo piso. Este dormitorio iba a ser destinado a ser sala de costura. Eso no fue lo único raro que sucedió en el proceso de la mudanza: notaban que había puntos de la casa en los que la temperatura era más baja que en el resto de la casa; además, en determinados lugares, la acústica era anómala. En los días siguientes se sucedieron los sucesos paranormales: ruidos extraños; a veces aparecía un olor a perfume de origen desconocido; la madre llegó a sentir una presencia a su espalda. Por si fuera poco, Kathy encontró, tras una librería, una habitación oculta en el sótano. De esa habitación salía un olor extraño y el perro de la familia se negaba entrar en ella. Siguieron viviendo en la casa y a los ruidos y olores extraños se le sumaron las pesadillas por las noches. El padre de familia se volvió huraño, no quería salir de la casa y le asaltaban pensamientos extraños. Lo acontecido después, según relató la familia, resultó aterrador: una extraña figura con aspecto demoníaco se apareció en la ventana de la habitación de una de las hijas, Missy, que además vio el fantasma de una niña en varias ocasiones; las ventanas se llenaban de moscas; una especie de limo negro aparecía en los retretes; por si fuera poco, episodios de levitación afectaron a varios miembros de la familia. Una madrugada de tormenta, una puerta fue arrancada de cuajo. Todo esto ocurrió durante veintiocho días, tras los cuales decidieron abandonar la casa. Las investigaciones demostraron que la casa se había construido por un tal John Catchum, que fue expulsado de Salem durante la caza de brujas acaecida a finales del siglo XVII. También se dijo que la tribu Shinnecock confinaba a sus enfermos y moribundos en el lugar que ahora ocupaba la casa encantada.

Los hechos transcedieron cuando un periodista publicó en una revista un artículo sobre lo sucedido. Varios equipos de noticias se trasladaron a la casa para reportar los hechos. También acudieron varios videntes e investigadores de lo paranormal, entre ellos, el matrimonio formado por Ed y Lorraine Warren.

El escritor Jay Anson (1921-1980) se puso en contacto con los Lutz y llegaron al acuerdo de escribir un libro con los hechos supuestamente acaecidos: *The Amityville Horror. A true story (Horror en Amityville. Una historia real)*. La novela se publicó en 1977 y fue un éxito. Al libro siguieron otros, así como una serie de películas que se iniciaron en 1979 con un film que llevó el mismo nombre que la novela y que introdujo algunos elementos ajenos a la historia original. Aún hoy siguen estrenándose libros y películas ambientadas en el 112 de Ocean Avenue de Amityville.

Tiempo después surgieron las acusaciones de que era un fraude y que no había ocurrido nada paranormal en la casa. Estos son los argumento que intentan desmontar el *poltergeist* de Amityville:

- Las supuestas llamadas a la policía por parte de la familia Lutz nunca se habían producido.

- El padre Ralph Perocaro declaró que si bien había hablado por teléfono con George Lutz, nunca estuvo en la casa.

- El abogado de Ronald de Feo dijo que había un acuerdo entre éste último, los Lutz y el escritor Jay Anson para inventarse un relato sobre unos hechos paranormales ocurridos en la casa. Ronald de Feo pretendía utilizarlos en un futuro para una revisión de su condena en relación con las voces que dijo haber escuchado y que le indujeron a cometer los asesinatos.

- Nunca se demostró fehacientemente que una persona llamada John Catchum hubiera vivido primero en Salem y, posteriormente, en Amityville.

- La tribu Shinnecock no vivió cerca de Amityville y no hay testimonios de que confinaran a sus enfermos o moribundos en ningún lugar.

- Los siguientes moradores de la vivienda nunca han presenciado ningún hecho paranormal.

En todo caso, la vivienda sigue en pie y cada uno puede pensar lo que crea oportuno. Lo que no cabe duda es que ha dado lugar a una saga de libros y películas muy beneficiosas económicamente.

EL EXORCISTA: LA HISTORIA REAL

El exorcista (*The exorxcist*), del año 1973, es una de las películas de terror más conocidas. Esta película se basa en una novela del mismo nombre escrita por William Peter Blatty (1928-2017) en el año 1971. El autor se basó para escribir su novela en una historia de la que oyó hablar en 1950, cuando estudiaba en la Universidad de Georgetown, dirigida por los jesuitas.

En los casos de exorcismos es difícil saber lo que realmente sucedió debido a que la Iglesia mantiene el secreto de los casos para respetar la privacidad de los supuestamente poseídos y de sus familias. Además, según el racionalismo más científico, se tiende a explicar el fenómeno del "poseído" con el padecimiento de diversos problemas psiquiátricos (esquizofrenia, síndrome de Tourette, etc.). Por lo tanto, lo que llega a nosotros no son más que testimonios indirectos que dan lugar a la duda.

El caso real que dio lugar a la novela y posterior película de *El exorcista* se basa en la supuesta posesión que sufrió un niño llamado Roland Doen, nacido el 1 de junio de 1935 en el seno de una familia luterana de origen alemán. Al pequeño Roland le gustaba "jugar" a la güija con su tía Harriet. Ésta falleció cuando Roland tenía 13 años y, según parece, intentó contactar con ella a través de la güija. Fue al poco de su muerte y quizás debido a los intentos de Roland de contactar con su tía por medios espiritistas cuando comenzaron a ocurrir los sucesos paranormales: sonidos extraños, ruidos de pasos, luces que se encendían y apagaban solas, etc. Incluso en el colegio de Roland varios alumnos dijeron como en la clase se movió un escritorio sólo y comenzó a chocar contra las paredes. La familia decidió contactar con un pastor luterano; éste lo examinó e incluso lo veló durante una noche percibiendo vibraciones y ruidos extraños. Comprendió que algo raro sucedía y lo sometieron a un exorcismo luterano, con el que no se consiguió nada. Tras este primer fracaso acudieron a la Iglesia Anglicana, donde también fue exorcizado, sin efecto alguno. Los sucesos paranormales se agudizaban: volaban objetos, mostraba aversión por lo sagrado, aparecían extrañas ronchas en su cuerpo y a veces hablaba con voz gutural.

Decepcionados por los resultados de los "tratamientos" ofrecidos por la Iglesia Luterana y Anglicana, acudieron a la Iglesia Católica. Dos sacerdotes católicos examinaron al niño y lo remitieron a la sección de psiquiatría de la Universidad de St. Louis. Los sacerdotes creyeron que podía tratarse de un caso real de posesión y pidieron autorización al arzobispo para llevar a cabo el exorcismo siguiendo el *Ritual Romano,* vigente en en ese momento. Participaron tres sacerdotes: Walter Halloran (1921-2005), William S. Bowdern (1897-1983) y Raymond J. Bishop (1906-1978). Necesitaron realizar treinta exorcismos a lo largo de varias semanas para que el niño sanara. Según se cuenta, al final del último exorcismo se escuchó un ruido muy intenso (como un trueno) y finalmente, "el demonio salió de su cuerpo". Durante los exorcismos aparecieron marcas en el cuerpo del niño, volaron objetos y habló en lenguas desconocidas, como el latín, y atacó a los exorcistas.

Tras "curarse", Roland se convirtió en un hombre feliz y no se conoce que tuviera ningún problema más, casándose y teniendo hijos.

Ahora bien, hay quien pone en duda estos sucesos y achacan que son exageraciones de los familiares o de los sacerdotes y podía explicarse todo con una enfermedad mental.

La novela a la que hicimos referencia antes relató el eorcismo, aunque incluyó partes no históricas. Al fin y al cabo, era una novela que no trataba de ser una biografía, sino una historia de ficción basada en un hecho real. La película, a su vez, cambió el personaje y convirtió al protagonista en una niña, pensando que así daría más miedo. Asimismo, incluyó algunas escenas de las que no hay constancia que ocurrieran. En todo caso, la base de la novela y la película es la misma: que las posesiones existen y los exorcismos son la solución.

La película fue un éxito de taquilla, alimentada a su vez por la polémica. Por un lado, algunas personas decían que parecía ser una loa al demonio y al mal; otros decían que influiría en la gente y harían creer que enfermedades psíquicas fueran consideradas posesiones. En todo caso, no se puede negar que es una de las películas más escalofriantes que se han rodado. Si le es posible, vea la versión original de la película, cuya actriz dicen que dejó de dormir, fumó y bebió sin parar para conseguir esa voz escalofriante, casi demoníaca, que pone los vellos de punta. Por si fuera poco, desgraciados accidentes ocurrieron durante el rodaje de la película, como la rotura del arnés que sujetaba a la niña actriz, y durante el rodaje fallecieron hasta cuatro trabajadores. ¿Casualidad?

LOS LEGIONARIOS ROMANOS
FANTASMAS DE YORK

La ciudad de York (Inglaterra) fue fundada por los romanos en el año 71 d.C. con el nombre de Eboracum y pronto se convirtió en una de las principales ciudades de las Islas Británicas. A lo largo de la historia, ha sido una de las ciudades más importantes de Inglaterra y el lugar de luchas cruentas entre vikingos y sajones durante varios siglos.

Hay varias leyendas sobre fantasmas y hechos paranormales atribuidos a la ciudad de York. De entre todos ellos, aquí hablaremos de uno muy curioso: los fantasmas de los legionarios romanos. Esta aparición no es exclusiva de la ciudad inglesa; a lo largo de toda Europa hay personas que dicen haber escuchado primero un gran número de pisadas de personas y caballos para después ver un numeroso grupo de soldados romanos en marcha, algunos a caballo y la mayoría a pie. Normalmente, estos casos se han dado en medio de los bosques o por caminos que coinciden con antiguas calzadas romanas.

El caso de York es curioso porque el testimonio proviene de un fontanero que se encontraba trabajando en la conocida *Tresarurer's House*. Esta casa fue el lugar elegido para la residencia del tesorero del condado de York en 1091 y cumplió dicha función hasta 1547, cuando pasó a ser propiedad de Thomas Young, arzobispo de York de la Iglesia Anglicana. Desde entonces, la casa ha pertenecido a su familia. Fue restaurada en 1897 y en 1930, año en el que pasó a ser propiedad pública, siendo en la actualidad un museo.

El supuesto hecho fantasmagórico ocurrió en 1953, cuando un fontanero se hallaba realizando obras en la bodega de la casa. Un día, mientras trabajaba, escuchó pasos y vio salir a un soldado romano con un casco con plumas. A éste le siguió un caballo y unos veinte soldados romanos vestidos con túnicas verdes, escudos redondos en el brazo izquierdo y un arma en la derecha. Parecían de carne y hueso, aunque el suelo desaparecía a la altura de sus rodillas. Iban desaliñados, sucios y parecían cansados. Siguieron su camino y desaparecieron por la pared contraria. El fontanero dejó de trabajar durante varias semanas y toda su vida mantuvo la veracidad de la historia. Como nota curiosa, los investigadores dijeron que la descripción de los uniformes y sus colores (que no eran comunes) coincidían con los soldados de reserva locales del siglo V. Además, investigaciones posteriores dicen que debajo de la bodega hay una calzada romana y por eso parecía que el suelo desaparecía bajo sus rodillas.

Real o no, el supuesto hecho paranormal es uno más de los que abundan en la ciudad de York, tan rica en historias de fantasmas.

EL FANTASMA DE ENFIELD (*THE CONJURING 2- EXPEDIENTE WARREN*): EL CASO *POLSTERGEIST* DOCUMENTADO POR LA PRENSA QUE INSPIRÓ LA PELÍCULA

Entre 1977 y 1979 ocurrieron unos hechos que pueden ser calificados como *poltergeist* o casa encantada y que son considerados como uno de los más relevantes de los ocurridos en el Reino Unido. Lo acontecido inspiró la película *The Conjuring 2 - Expediente Warren: el caso Enfield* (2016). A finales de la década de 1970 tuvo una gran atención mediática que incluyó polémicas fotografías, grabaciones e incluso una "entrevista a un fantasma". Vamos a resumir lo acontecido en una casa en la que vivían una madre y sus cuatro hijos (dos hijas y dos hijos) en el municipio londinense de Einfeld (Inglaterra), concretamente en el 284 de Green Street.

El 31 de agosto de 1977, la madre (Peggy Hodgson) subió a la habitación de sus hijas alarmada por un estruendoso ruido similar a un arrastrar de muebles. Al llegar, vio como un pesado tocador se movía solo. De pronto, se escucharon terribles golpes por toda la casa. Asustada, fue a buscar a un vecino que fue testigo de lo ocurrido y decidió llamar a la policía. Cuando llegaron las fuerzas de seguridad, éstas quedaron perplejas. Carolyn Heeps, miembro del cuerpo de policía, dijo que llegó incluso a ver como una silla se elevó en torno a 1,5 cm. y se desplazó más de 1 metro.

Nadie supo que hacer y los terroríficos hechos siguieron sucediéndose hasta que llegaron a conocimiento de los medios de comunicación. Uno de los primeros en llegar fue Graham Morris, fotógrafo del *Daily Mirror*. Éste afirmó que en la habitación de las niñas empezaron a volar cosas sin que nadie las lanzara, como unas piezas de construcción tipo Lego. Posteriormente, las niñas comenzaron a levitar y Morris realizó una serie de fotografías que pueden entenderse como verdaderas levitaciones o simplemente como saltos.

Miembros de la *Society for Psychical Research* se desplazaron hasta la casa, donde escucharon los ruidos y vieron como las cosas volaban solas. Además, Janet comenzó a halar con una una voz masculina ronca. Lo más llamativo es que el abogado Richard Crosse interrogó al fantasma que hablaba a través de Janet. Las respuestas a las preguntas fueron cada vez más claras y audibles. El fantasma se identificó como Bill Wilkins, que había muerto a los 72 años en una silla de la sala de estar de esa casa. Buscaron a los familiares del tal Wilkins y encontraron a sus hijos, que corroboraron que su padre había muerto a esa edad en esa casa. Probaron a tapar la boca de Janet, así como hacerle beber agua y la voz se seguía oyendo, aunque de forma menos clara. Más adelante, en otras ocasiones era Margaret la utilizada, supuestamente, por el fantasma para hablar a través de ella, aunque en esta ocasión la voz sonaba algo distinta. Incluso se realizaron grabaciones de vídeo de los hechos.

Las dos hijas, de once y trece años, fueron las que sufrieron los ataques del fantasma de forma más directa, con extrañas levitaciones y agresiones físicas.

Los sucesos se prolongaron durante dieciocho meses, pasados los cuales desaparecieron para la tranquilidad de la familia.

Hubo numerosas críticas por parte de los escépticos. Decían que las supuestas levitaciones no eran más que saltos de las niñas, que los objetos que volaban solos eran lanzados por los miembros de la familia o alucinaciones de los testigos causadas por la sugestión, así como que la voz atribuida al fantasma no era más que un ejercicio de ventriloquia de las hijas. Sin embargo, los testigos que allí estuvieron afirman que los objetos volaban solos y desafiaban las leyes de la física; en cuanto a las voces, dijeron no podían hacerse durante tanto tiempo sin dañar la garganta de la persona que imitara la voz.

Los hechos sirvieron de fundamento para los guiones de varias películas de terror de la época, pero la familia que los sufrió nunca ganó dinero ni intentó hacer negocio con lo sucedido. La madre siguió viviendo, ya sola, en el domicilio y, según los hijos, ella decía que sentía como una presencia seguía allí para cuidarla. La madre falleció y otras familias han ocupado la casa. Una de ellas, que no conocía la historia, dijo que los pequeños de la casa escuchaban voces, pero nunca se han vuelto a producir los hechos con la intensidad de finales de los 70.

HOUDINI VS. ESPIRITISTAS:
EL "CÓDIGO HOUDINI"

Erik Weisz, más conocido como Houdini (1874-1926) era un convencido escéptico en materia de espiritismo. En su propósito de luchar contra lo que él consideraba supersticiones y patrañas de estafadores, promovió un desafió a los espiritistas. Confió en secreto diez palabras a su esposa que más tarde serían conocidas como el "Código Houdini", promoviendo que, durante los diez años posteriores a su muerte, se reunieran los mejores espiritistas con la intención de contactar con el espíritu de Houdini. Si los espiritistas contactaban con Houdini después de muerto, debían decir cuales eran esas palabras que conformaban el "Código Houdini". En los diez años siguientes se reunieron el 31 de octubre (día del fallecimiento de Houdini) y en ninguna sesión de espiritismo consiguieron decir cuáles eran esas diez palabras, por lo que se entendía que nadie pudo comunicar con el espíritu de Houdini. La esposa, pasados diez años, abandonó las sesiones de espiritismo. Sin embargo, aún hoy, varios brujos, videntes y espiritistas siguen reuniéndose el 31 de octubre intentando contactar con Houdini y desvelar el "código secreto". Ahora bien, ¿no estará Houdini viéndolos desde el más allá y no quiere comunicarse con ellos ni decirle su "código secreto" para no reconocer la verdadera eficacia del espiritismo?

Harry Houdiny en uno de sus espectáculos en 1899.

Cartel de un espectáculo en el que Houdini
desafía a los espiritistas.

LEYENDAS, MITOS Y REALIDADES

MISTERIOS DEL MONASTERIO DE EL ESCORIAL

Hay varias leyendas en torno al Monasterio de San Lorenzo de El Escorial, situado en la sierra de Guadarrama (Madrid, España). Es nuestra intención analizar las más relevantes.

<u>La puerta al Infierno y el perro negro</u>.

Una leyenda local decía que Lucifer vivió en una cueva del monte Abantos, situado en la sierra de Guadarrama, tras ser expulsado de la corte celestial. En la misma sierra de Guadarrama creó una puerta de entrada al Infierno, repartiendo seis más por distintos lugares de la Tierra.

San Miguel expulsando a Lucifer y a los ángeles rebeldes.
Taller de Rubens (c. 1622).

Felipe II deseaba crear un palacio que sirviera, principalmente, como panteón de su padre, Carlos I de España y V de Alemania. La victoria sobre los franceses en la Batalla de San Quintín (1557) impulsó, aún más, el deseo de monarca de crear el panteón familiar.

Felipe II (1565). Obra de Sofonisba Anguissola (1532-1625).

Felipe II era, en secreto, muy aficionado a la alquimia y la astrología, todo ello a pesar de ser en su época el ejemplo de monarca católico que debía estar alejado de esas prácticas, consideradas como brujería o superstición. Cuando Felipe II buscaba el lugar donde construir el monasterio fue informado de la leyenda local sobre la supuesta puerta al Infierno. Cuentan las crónicas que cuando el lugar fue visitado por los arquitectos y demás expertos para estudiar la ubicación del edificio surgió un viento huracanado que les impidió llegar al sitio y amenazó su integridad física. Sin embargo, tales augurios no asustaron al monarca, sino que quizás le incitaron a que el misterioso lugar fuera el elegido para la gran obra arquitectónica. El rey encomendó las tierras a los monjes jerónimos y la construcción comenzó en 1563. Aunque la obra no finalizó hasta 1586, el monarca se trasladó a vivir a la residencia antes de que terminaran las obras. Entre los trabajadores de la obra comenzó a circular la historia de que un misterioso perro negro pululaba por la zona cuando caía la noche y amenazaba a los peones. Se contaba que el perro fue apresado y ahorcado en una de las paredes del claustro, donde permaneció varios meses, aunque de eso no hay constancia escrita en los textos de la época.

Las dificultades para construir el monasterio fueron evidentes sucediéndose los accidentes y los retrasos. No se finalizó la obra hasta veintitrés años después.

Vista del Monasterio de El Escorial (1723),
obra de Michel-Ange Houasse (1680-1730).

Según cuenta la leyenda, aquel perro negro que amenazó la construcción del templo siguió rondando el monasterio por las noches, sin que nadie pudiera capturarlo. De la misma forma que el perro cancerbero de la mitología griega, parecía seguir vigilando la entrada al Infierno. Dicen que los aullidos siguieron escuchándose noche tras noche. Cuentan que Felipe II, enfermo en su lecho de muerte, no cesaba de oír, aterrorizado, los aullidos del perro. Vivió sus últimos días atormentado por el sonido que le recordaba la cercanía del Infierno que era acrecentada por su obsesión con los cuadros de El Bosco que mandó llevar al monasterio; por ello rodeó su cama de crucifijos y reliquias de santo. Tras terribles sufrimientos, murió el 13 de septiembre de 1598 agarrado al mismo crucifijo que presenció la muerte de su padre, el emperador Carlos. Falleció repitiendo que moría "como católico". Quizás temía que su alma cruzara las puertas del Infierno sobre las que había construido El Escorial.

Pero la leyenda del perro negro no terminó ahí. Los lugareños siguieron diciendo durante siglos que por la noche se escuchaban los aullidos de un lobo o un perro. Incluso crónicas posteriores recogieron que el perro negro había sido visto por las inmediaciones del Monasterio. ¿Será una leyenda o aún sigue vigilando la entrada a una de las puertas del Infierno?

Felipe II estaba fascinado con la figura del monarca bíblico Salomón, el rey sabio de Israel que gobernó hacia el siglo X a.C. Salomón mandó construir un impresionante templo que acogió el Arca de la Alianza. El rey sabio acabó dejó de ser justo cuando se rodeó de lujos y por la influencia de muchas de sus esposas y concubinas acabó honrando a dioses extranjeros.

Maqueta del segundo Templo de Jerusalén, ordenado construir por Salomón. Wikimedia Commons

A la hora de construir el Monasterio de El Escorial son muchos los estudiosos que defienden que se tomó como modelo el Templo de Jerusalén. El templo fue ordenado construir por Salomón en el siglo X a. C. sobre el monte Moria y era una reproducción en materiales sólidos y de mayor tamaño que el Tabernáculo construido en el desierto por Moisés. Las dimensiones y características del templo están cuidadosamente descritas en la Biblia. Dentro del templo se guardó el Arca de la Alianza. El templo ordenado construir por Salomón fue destruido por los babilonios en el 586 ó 587 a.C. En el 535 a.C. el rey Zorobabel ordenó construir el llamado segundo templo de Jerusalén, pero era de menor altura y tenía menos riqueza en su interior que el de Salomón; además, nunca guardó el Arca de la Alianza, que había desaparecido muchos años antes de la llegada de los babilonios. Tras varias guerras y revueltas, en el siglo I a.C., Herodes mandó reformar y ampliar el templo intentando emular el tamaño y esplendor del original. Finalmente, tras la revuelta judía contra el Imperio romano que dio lugar al sitio de Jerusalén en el año 70 d.C., el templo fue destruido cumpliéndose lo predicho por Jesús (Mateo, 24,2: "¿Ven todo eso? En verdad les digo que no quedará piedra sobre piedra. Todo será destruido").

Como ya dijimos, Felipe II parecía sentir una especial devoción por la persona de Salomón. El arquitecto y matemático jesuita Juan Bautista Villalpando (1552-1608) realizó un Tratado sobre el Templo de Salomón financiado por el propio Felipe II que fue publicado en tres tomos entre 1596 y 1606. Aunque la elaboración del tratado es posterior a la construcción del Monasterio de El Escorial, pone de manifiesto el interés del monarca hispano por el legendario Templo, hasta el punto de que son muchos los investigadores que defienden que el Monasterio de El Escorial es una imitación del Templo de Salomón con elementos propios del manierismo. El esquema del Monasterio imita el Templo: un gran patio con el Templo en su centro (el Templete de los Evangelistas en El Escorial) y cuatro pequeños patios a su alrededor formando una cruz. Además, en la decoración figurativa de la fachada del Monasterio sólo aparecen las siguientes figuras: san Lorenzo, el rey David, el rey Salomón y cuatro de sus descendientes (Josafat, Ezequías, Josías y Manasés). Por si fuera poco, en los medallones de las puertas se recuerda que Felipe II es Rey de Jerusalén (a pesar de que el último rey cristiano que gobernó en Jerusalén fue Enrique II de Chipre hasta su conquista en 1291 por los mamelucos).

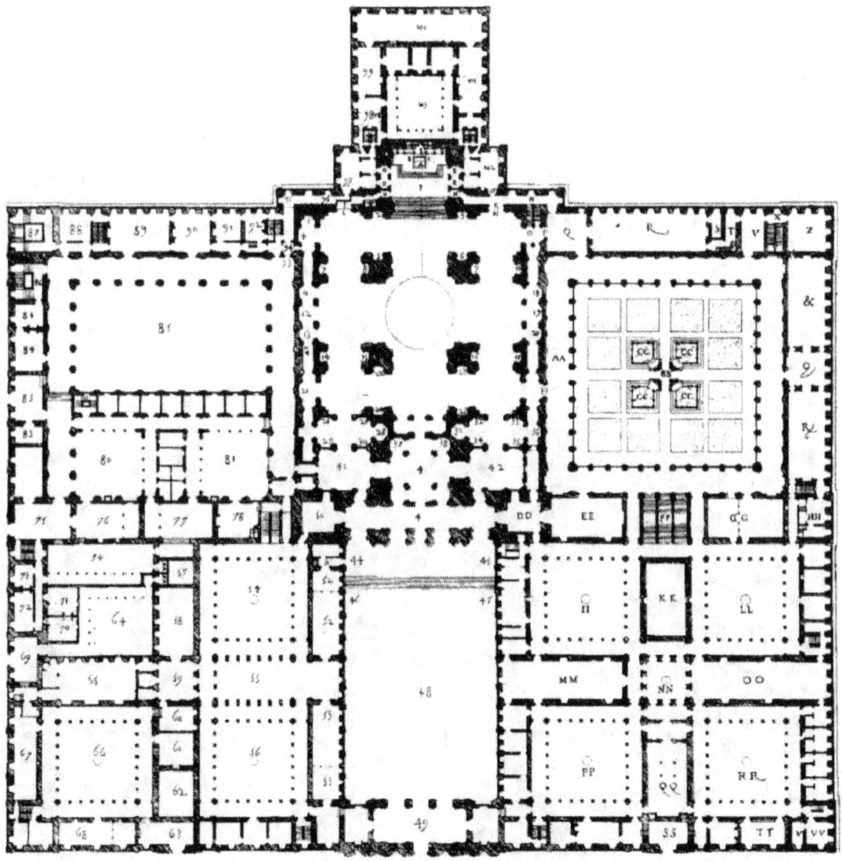

Traza Universal del Monasterio de El Escorial. Juan de Herrera (1530-1597).

¿Cuál es la razón por la que Felipe II quiso imitar el Templo de Salomón? Son varias las hipótesis. Una de ellas es que si las medidas del Templo provenían del mismo Dios, eran tan importantes que merecían ser reproducidas. Si no era posible reconstruir el Templo en Jerusalén (entonces dominado por el Imperio Otomano), no había mejor lugar que el centro de la península ibérica y la sede de la Monarquía Hispánica, el imperio más extenso del momento y defensor de la ortodoxia católica frente a los musulmanes y los movimientos protestantes. Además, con el Arca de la Alianza desaparecido, Felipe II ordenó llenar de reliquias el Monasterio de El Escorial para que se pareciera lo más posible a una Casa de Dios. Quizás esperaba el rey Felipe ser inspirado por Dios en sus acciones de gobierno y convertirse en un rey tan justo y sabio como en su momento lo fue Salomón.

Felipe II representado como el rey Salomón (1559)
Obra de Lucas de Heere (1534-1584).

<u>La casa de las reliquias.</u>

Pocos saben que el Monasterio de El Escorial acoge una de las mayores colecciones de reliquias existentes.

Frente a los movimientos protestantes que rechazaban la veneración de los santos y el respeto a sus reliquias, El Concilio de Trento (1563) declaró que era lícito honrar las reliquias, aunque advertía lo siguiente: "destiérrese absolutamente toda superstición en la invocación de los santos, en la veneración de las reliquias, y en el sagrado uso de las imágenes (...) ni abusen tampoco los hombres de las fiestas de los santos, ni de las visitas de las reliquias, para tener convitorias, ni embriagueces".

Como reacción a los protestantes, Felipe II encargó que El Monasterio de El Escorial fuera el depósito del mayor número de reliquias posible. Incluso tras la muerte del monarca en 1598 siguieron recolectándose reliquias. El último depósito se realizó en el año 1611. La colección alberga un total de 7.420 reliquias entre las que destacan 12 esqueletos completos y 144 cabezas enteras. Pertenecen a 678 santos. Cada reliquia está guardada en una urna realizada por alguno de los prestigiosos orfebres de la época. Algunas de ellas son de plata y oro con piedras preciosas, pero la mayoría son de la latón dorado. Frecuentemente tienen una parte acristalada que permite ver la reliquia desde fuera. Normalmente, la urna contiene el nombre del santo o santa de quien procede. Las reliquias se guardaron en retablos, pero conforme aumentaba el número de reliquias, tuvieron que ampliarse conforme pasaba el tiempo. Actualmente, las reliquias se guardan en cinco capillas relicario.

Las reliquias se mantienen fuera de las vista del público excepto el 1 de noviembre, día de Todos los Santos, que se abren los dos retablos pintados por Federico Zuccaro (1542-1609).

Durante la invasión napoleónica (1808-1814), los franceses saquearon la iglesia, el monasterio y el palacio de El Escorial. Se llevaron pinturas, libros, joyas y también relicarios. Normalmente dejaban los huesos de los santos y se llevaban las urnas. Eso motivó que muchas reliquias quedaran innominadas y sin identificar. Con el paso de los años se recuperaron algunos de los objetos expoliados, pero muchos se perdieron. Tras el robo, el número de relicarios se redujo de 515 a 422.

Felipe II se hizo rodear de numerosas reliquias antes de morir. Estas se encontraban en la misma habitación que fue su lecho de muerte y lugar de largos padecimientos, puesto que su lenta agonía duró cincuenta y tres días. Estas reliquias y el crucifijo que acompañó la muerte de su padre fueron testigos del fallecimiento del rey de la primera potencia mundial de la época.

¿ESTUVO LA ATLÁNTIDA EN EL PARQUE DE DOÑANA, ENTRE LAS PROVINCIAS DE CÁDIZ Y HUELVA?

Son muchas las teorías acerca de la situación geográfica real de la Atlántida (si es que realmente existió). Platón dijo que estaba «delante de las columnas de Hércules»; es decir, tras el estrecho de Gibraltar. Algunos la situaron en el océano, entre Europa y América (incluso cerca de las Islas Canarias), otros creen que estuvo cerca de Irlanda, en el norte de África o en el Próximo Oriente.

En agosto de 2015 la Atlántida volvió a aparecer en varios periódicos de información general con un titular de lo más llamativo: la Atlántida estuvo el sur de España, concretamente en el término que actualmente ocupa Sanlúcar de Barrameda (Cádiz). Dicha teoría no es nueva, ya que una de las teorías con más fuerza es la que la sitúa en el Parque Nacional y Natural de Doñana, entre las provincias de Cádiz y Huelva. En 1922, el arqueólogo alemán Adolf Schulten (1870-1960) la situó en Doñana y la relacionó con otra ciudad mítica: Tartessos.

En 2004, un grupo de científicos alemanes la "encontró" en la marisma de Hinojos (Huelva), junto al Parque de Doñana. Allí encontraron por medio de satélite dos estructuras rectangulares y los restos de varios anillos concéntricos que los habrían rodeado. En el año 2009, el Centro Superior de Investigaciones Científicas (CSIC) inició una serie de sondeos en dicha marisma. También podemos recordar el documental que estrenó *Nacional Geographic* en el año

2011 bajo el título *En busca de la Atlántida* que, sin llegar a ninguna evidencia ni conclusión definitiva, expuso varios argumentos en favor de la teoría que sitúa a la Atlántida en parte del actual Parque Natural de Doñana.

Una de las últimas noticias es que el investigador autodidacta Manuel Cuevas, natural de Sanlúcar de Barrameda (Cádiz), dice haber encontrado, a través de imágenes de satélite, restos de edificios en el monte de la Algaida, junto al río Guadalquivir y el Parque de Doñana.

El misterio continúa, ¿dónde estuvo la Atlántida hasta que un tsunami acabó con ella hace miles de años? Aunque en primer lugar habría que preguntarse: ¿existió realmente la Atlántida?

LA VIRGEN DEL CRISTAL: MISTERIO, ASESINATO Y ROBO

La Virgen del Cristal (A Virxe do Cristal) es una pequeñísima imagen de la Virgen María que se guarda en Villanueva de los Infantes (Orense, España), una pequeña pedanía de poco más de doscientos habitantes. La imagen de la Virgen del Cristal es una de las más pequeñas del mundo: algunos dicen que la segunda más pequeña del mundo sólo por detrás de la Virgen de Letanías que se encuentra en Viachas (Colombia) y que mide 19,5 milímetros (mientras que la gallega mide "bastante más": algo menos de 5 centímetros).

La imagen se descubrió por un labrador en 1630 y aunque se desconoce cuando se creó, se piensa que fue en el siglo XVII. Una historia más poética se basa en la historia de dos enamorados del siglo XVII llamados Moriño y Rosa. Según la leyenda, el prometido dudó de la fidelidad de su novia y ésta encontró la imagen que enseñó a Martiño diciéndole que ese cristal era una prueba de su pureza. La historia es adornada luego con otros añadidos, pero lo anteriormente descrito es la base de la misma.

Dicha imagen es conocida como *A pequeñina* y se encuentra dentro de un óvalo de cristal que no muestra fisura ni señal de cierre o fundido. A su vez, este óvalo se encuentra dentro de un modesto relicario bañado en oro. Las características del cristal hacen que, mire desde el ángulo desde el que se mire, la imagen siempre se ve de frente. El interés que despertó hizo que Felipe IV (1605-1665) la mandara llevar a la Corte para ser examinada. Desde sus comienzos tenía fama de milagrosa y fue guardada en el Santuario de la Virgen del Cristal y custodiada por el párroco local. El 15 de septiembre se celebra su fiesta con una romería recordando su intercesión (junto a San Roque y San Sebastián) en alejar la peste del pueblo durante una epidemia. El poeta Manuel Curros Enríquez (1851-1908) escribió un célebre poema en su honor:

"Era una pedrita pedra
, era unha pedra pedriña
, como un ovo de galina,
tallado en fino cristal

, unha pedra primorosa
, elíptica, limpia, pura,
de artificio e soldadura
sin xiquiera una siñal"

La imagen ha sido estudiada en varias ocasiones y no se conoce técnica alguna que permita introducir la imagen dentro del cristal sin dejar rastro de soldadura o marca. En pleno siglo XXI se desconoce como se hizo y toda imitación deja algún rastro en el cristal. El valor económico de la misma es escaso, ya que no contiene metales preciosos. Hace poco fue tasada en sólo doscientos euros. Ante el riesgo de que fuera robada se sacó del Santuario y pasó a guardarse, en secreto, en casa del párroco.

El último custodio de la imagen fue el cura del pueblo, Adolfo Domínguez, que era un hombre muy querido y admirado. Don Adolfo (así lo llamaban en el pueblo) lo daba todo por los más necesitados.

Constantemente le llamaban por teléfono o a la puerta de su casa pidiendo ayuda económica. Un testigo dijo que algunas personas llegaban en coches de lujo, paraban a varios metros de la casa y se cambiaban de ropa para parecer indigentes.

En marzo de 2015 fue asesinado el párroco local. A don Adolfo lo esperaban en su casa. Venía del velatorio de un amigo suyo. Su cadáver fue encontrado junto a un pajar, lugar al que el cura acudía por la noche para alimentar a varios gatos. Fue golpeado salvajemente. Además, la imagen había desaparecido. Los ladrones no se habían llevado nada más que la pequeña Virgen y la vida de don Adolfo. La imagen era guardada en la funda de una cámara fotográfica en el fondo de un armario y esto sólo lo sabían el propio sacerdote y una monja amiga suya. No se llevaron ninguno de los objetos litúrgicos del lugar, algunos de plata. Se cree que el asesinato fue únicamente para robarle la Virgen del Cristal porque los ladrones creían que era de gran valor, o bien porque algún coleccionista privado la quería por capricho y pudo pagar a alguien para que la sustrajera. Se desconoce si la muerte de don Adolfo fue porque se resistió a entregar la imagen o por algún otro motivo. En enero de 2015 fueron detenidos dos croatas que pertenecían al grupo de personas que acudían a pedir limosna al párroco. Sin embargo, fueron puestos en libertad al no existir pruebas concluyentes contra ellos. En 2018, la Audiencia Provincial archivó el caso al no encontrar nadie contra el que dirigir la acusación.

El misterio de aquella pequeña Virgen encerrada en un cristal en el siglo XVII con una técnica desconocida que no puede imitarse ni siquiera en el siglo XXI se une el asesinato y robo de la misma en 2015.

LA MANO INCORRUPTA DE SANTA TERESA QUE FRANCO TENÍA EN SU MESITA DE NOCHE

Puede parecer una broma, pero Francisco Franco siempre tuvo en su dormitorio la mano incorrupta de Santa Teresa de Jesús.

Teresa de Jesús (1515-1582) fue una religiosa fundadora de la orden de las carmelitas descalzas. Mística, poetisa y Doctora de la Iglesia.

Santa Teresa de Jesús, óleo sobre lienzo
obra de Alonso del Arco (1635-1704).

A los nueve meses de morir Teresa de Jesús se descubrió su cuerpo incorrupto y el sacerdote Gerónimo Gracián le cortó su mano izquierda a modo de reliquia. Llevó la mano al convento que tenían las carmelitas en Lisboa y se guardó el meñique para él. La mano permaneció en Portugal hasta 1910, cuando se produjo una revolución en ese país y los carmelitas fueron expulsados. Estos marcharon a España y se llevaron con ellos la mano, que ya tenía fama de milagrosa. Concretamente, la mano se guardó en el convento que tenían las carmelitas en Ronda. Con el estallido de la Guerra Civil, en 1936 el convento fue asaltado y saqueado por los milicianos, desapareciendo la mano. Cuando las "tropas nacionales" tomaron Málaga encontraron la mano entre las pertenencias personales del coronel José Villalba Rubio. La reliquia fue entregada al jefe del Estado, que ordenó construir un pequeño relicario en su propia habitación para la mano incorrupta. Allí, Franco y su esposa, Carmen Polo, compartían lecho conyugal con la mano incorrupta de Santa Teresa de testigo.

Se dice que Franco la llevaba a todos sus viajes. También se dijo que le acompañaba la mano cuando, ya anciano, ingresaba en el hospital debido a sus problemas de salud. Los más atrevidos dicen que antes de decidir un asunto de vital importancia para el Estado se sentaba frente a la reliquia por si esta le inspiraba en algún sentido; pero esto es sólo una leyenda y no han quedado testimonios escritos de Franco ni de Carmen Polo del tipo de devoción que sentían por la mano incorrupta.

Francisco Franco Bahamonde (1892-1975), en una fotografía de 1964.
Fue Jefe del Estado de España entre 1936 y 1975.

Tras la muerte de Franco, su viuda le entregó la reliquia al arzobispo de Toledo y Primado de España, el cardenal Marcelo González (1918-2004), que la devolvió a las carmelitas de Ronda a principios de 1976. En su convento se mantiene hasta la actualidad y es visitado por numerosos fieles que, con devoción, esperan una intercesión milagrosa de la santa para la resolución de sus problemas. Especialmente, lo visitan matrimonios con problemas de fertilidad.

LA MISTERIOSA ESFERA DE TREINTA TONELADAS APARECIDAS EN BOSNIA

En un bosque de Bosnia apareció en abril de 2016 una esfera que trae de cabeza a los investigadores. Tiene un radio de entre 1.2 y 1.5 metros. Es de piedra, pero contiene una alta concentración de hierro, por lo que algunos lo califican como "esfera de piedra" y otros como "esfera de hierro". Su peso asusta: aproximadamente treinta toneladas. Su descubridor fue Semir Osmanagic, conocido como el "Indiana Jones de Bosnia". Éste afirma que es el vestigio de una civilización desaparecida que pobló los Balcanes en un tiempo desconocido y del que no ha quedado constancia escrita.

Semir afirma que en la década de 1930 había unas treinta esferas de este tipo, pero fueron destruidas en busca del oro, que según decía la leyenda, guardaban en su interior. Estas piedras esféricas se relacionarían con las supuestas pirámides situadas bajo un grupo de colonias en Bosnia que, sin embargo, han sido tachadas como meras construcciones naturales por la mayoría de la arqueología y geología oficial.

La esfera superaría en peso y tamaño a otras encontradas en otros países, como Costa Rica o México.

Ahora bien, la duda surge de si se trata de construcciones humanas (extraterrestres dirán los más aventurados) o caprichos de la naturaleza. Por ahora, la ciencia no ha dado ninguna explicación concluyente al respecto.

LA LA LA: LA CANCIÓN DE NAUGHTY BOY QUE ESCONDE LA ESCALOFRIANTE LEYENDA DE "EL TÍO"

Hay una canción muy pegadiza que tuvo bastante éxito: *"La La La", de Naughty Boy ft. Sam Smith.* El vídeo musical se basa en una leyenda oral boliviana sobre un dios o demonio llamado "El Tío" que, además, es el rey del inframundo. Por eso, muchos mineros colocaban una estatua a la que le presentaban ofrendas como alcohol o cigarros para que en las profundas incursiones no se causaran accidentes que pudieran afectar a los mineros.

Relacionado con "El Tío" hay una leyenda de un niño que fue capaz de enfrentarse a este demonio y que es reflejada en este famoso video musical del que vamos a hacer un breve resumen. Recomendamos ver primero el video, posteriormente informarse sobre la leyenda y volver a ver de nuevo el vídeo y poder interpretar las imágenes aparecidas. Hay que tener cuenta que el vídeo se inspira en la leyenda, pero cambia algunas imágenes, aunque el fondo de la historia es el mismo:

- Hay un niño que es sordo y es maltratado por su familia. Decide huir y encuentra a un perro callejero que le acompaña en toda su aventura.

- El niño descubre como es capaz de detectar los problemas de la gente y con un grito atronador es capaz de solucionar los problemas de éstos.

- Un día encontró a un anciano del que se burlaba la gente del pueblo. Le tiraban piedras y arena, motivo por el que tenía la cara manchada de blanco continuamente. El niño lanzó uno de sus potentes gritos que hizo que los aldeanos huyeran y el anciano recuperara la confianza (en el video clip, el anciano se tapa los oídos, deja de oír las burlas y recibe un corazón).

- Posteriormente, encuentran a un hombre deforme a causa de la maldición de un demonio del inframundo, llamado "El Tío". Según algunas versiones, este hombre había pertenecido a la secta de adoradores de "El Tío", pero al abandonarla fue maldecido y quedó deforme. El niño se ofreció a ayudarle y le pidió que le dijera donde moraba "El Tío".

- Llegaron a una cueva (una mina según otras versiones) en medio del desierto. En esa cueva habitaba "El Tío", pero allí sólo podía entrar el niño, ya que al ser sordo no podía ser afectado por las maldiciones del demonio.

- Una vez dentro el niño, con sus gritos, ahogó todas las maldiciones lanzadas por "El Tío". Según la leyenda, en la cueva sigue viviendo el niño, protegiendo a la humanidad de "El Tío".

Además, muchos afirman que la historia de "El Mago de Oz" también se basa, en parte, en esta antigua leyenda boliviana.

EL "CASTILLO HOLMES": EL HOTEL DE LOS HORRORES DE H. H. HOLMES

Corría el año de 1893 y la ciudad de Chicago celebraba la Exposición Universal en la que se recordaba el cuarto centenario del descubrimiento de América de 1492. En la feria participaron diecinueve países y tuvo 27.500.000 de visitantes. En la Exposición se hicieron demostraciones de los últimos inventos de la época entre los que destacaba los relacionados con la energía eléctrica con participantes conocidos como Edison o Tesla.

Looking West From Peristyle, Court of Honor and Grand Basin of the 1893 World's Columbian Exposition. Fotografía de C. D. Arnold (1844-1927)

La Exposición cambió la arquitectura de la ciudad y se construyeron numerosos hoteles para alojar a los visitantes. Entre los hosteleros había un emprendedor llamado Herman Webster Mudgett, que es el terrorífico protagonista de una tétrica historia.

Herman Webster Mudgett había nacido en Gilmanton (New Hampshire) en 1861. Testimonios no confirmados dicen que tuvo una infancia complicada, con un padre muy estricto. Según dicen, cuando Herman era niño disfrutaba torturando y matando animales sólo por gusto. Por otro lado, era un hombre atractivo e interesante que tenía gran éxito entre las mujeres. En 1878 se casó con Clara Loveling, que fue objeto de maltratos y violencia física por parte de su esposo. En 1884, Herman se graduó en Medicina y Cirugía en la Universidad de Michigan, carrera en la que conoció los principios de la anatomía humana y, como parte de sus estudios, participó en disecciones de cadáveres. Una vez que terminó la carrera abandonó a su esposa y volvió a New Hampshire para, poco tiempo después, marchar a Mooers Fork, en Nueva York. Allí desapareció un niño y varios testigos dijeron haber visto a Herman con él poco antes de desaparecer; éste dijo que no tenía nada ver con el asunto y no hubo pruebas contra él. Ante las sospechas, se marchó de la ciudad y se instaló en Filadelfia, donde abrió una farmacia. Sin embargo, un niño murió tras tomar un medicamento que este le dispensó y, ante las críticas, se marchó de Filadelfia. Se instaló en la ciudad de Chicago, donde cambió su nombre por el de Henry Howars Holmes para evitar que fuera relacionado con los hechos anteriores. En Chicago conoció a Myrta Belknap, con la que se casó en 1886 cuando aún estaba casado con Clara. Solicitó el divorcio de Clara por presunta infidelidad de ésta, pero el juicio no llegó a término y acabó casado con dos mujeres. En Chicago comenzó a trabajar en una farmacia y se interesó por una finca que había frente a su lugar de trabajo. Adquirió el edificio y comenzó a planear una reforma del mismo. Diseñó un hotel que acabaría convirtiéndose en una auténtica casa del terror.

Fotografía de H. H. Holmes.

El hotel tenía originariamente dos plantas y se proyectó que el bajo estuviera ocupado por locales comerciales, entre ellos una farmacia. Holmes contrató varias empresas para que ninguna de ellas tuviera los planos completos del edificio. Las constructoras tuvieron problemas con Holmes, ya que le acusaban de no pagarles la cantidad convenida y de ser objeto de robos de materiales por parte de Holmes. En la construcción del hotel participaron varias empresas de construcción y en 1893 añadió una tercera planta con vistas a la inauguración de la Exposición Universal de Chicago, al esperarse la llegada de numerosos visitantes. El hotel sería conocido como el "Castillo Holmes".

Imagen del "Castillo Holmes" en 1896.

El hotel fue inaugurado el 1 de mayo de 1893 y sólo Holmes conocía los planos completos del edificio. Había diseñado un auténtico hotel del terror con numerosas puertas falsas, mirillas, trampas bajo el suelo y toboganes secretos, así como un montacargas pensado para poder bajar los cadáveres. Además, incluso algunos dicen que bajo el suelo tenía un sistema eléctrico que controlaba desde un panel y que le permitía conocer los pasos de sus huéspedes. Holmes intentaba que la mayoría de sus huéspedes fueran mujeres ricas, guapas y que viajaran solas. Éstas eran las víctimas preferidas de Holmes.

Se cree que sus primeras víctimas fueron varias de sus amantes. Holmes tuvo una relación con una mujer llamada Julia, que era la esposa de un hombre que trabajaba en la farmacia del nuevo edificio. Éste, al enterarse, abandonó a su esposa y a la hija en común que tenían. Ambas se mudaron al hotel y poco después desaparecieron. También tuvo otra amante, llamada Emeline, que desapareció misteriosamente. En los meses siguientes, la clientela del hotel era abundante coincidiendo con la Exposición Universal de Chicago. La alarma en la ciudad saltó cuando desaparecieron varias personas, sobre todo muejres, que fueron a visitar la Exposición . Tiempo después se descubrió que muchas de ellas se habían alejado en el "hotel de los horrores".

La Exposición finalizó y, a los seis meses de estar abierto, los ingresos del hotel disminuyeron de forma alarmante. Entonces, Holmes incendió deliberadamente la tercera planta del hotel con la intención de cobrar el seguro. Pero la estafa fue descubierta y Holmes huyó a Texas antes de que fuera juzgado. Allí fue detenido por vender bienes hipotecados. Una vez en libertad ideó una nueva estafa a las compañías de seguros. Un conocido suyo, llamado Benjamin Pietzel, debía contrata un seguro de vida por valor de 10.000 dólares. Benjamin debía fingir su muerte y Holmes presentaría un cadáver anónimo. Holmes se quedaría con 5.000 dolares y los otros 5.000 dólares serían para Benjamin y su familia. Pero Holmes decidió que era mejor quedarse con los 10.000 dólares y mató realmente a Benjamin, cobró el dinero y posteriormente mató a su esposa y a dos de sus hijas.

Un detective de Filadelfia, llamado Frank Deyer, seguía los pasos de Holmes y visitó la que había sido su casa de alquiler en Texas, donde descubrió escondidos en el sótano los cuerpos de las dos hijas de Benjamin Pietzel. La policía comenzó a buscar a Holmes, que para ese momento se había casado por tercera vez y se encontraba en

Boston. Allí fue detenido en noviembre de 1894. Tras su detención, registraron el "Castillo Holmes" y descubrieron la estructura secreta que escondía, así como restos de numerosos cadáveres. El hotel escondía los más terribles artilugios de tortura y se desconoce el número de muertes que pudieron producirse en el mismo, ya que Holmes destruía los restos en una bañera con ácido.

Portada del periódico The World, 11 de agosto de 1896.

Holmes confesó veintisiete asesinatos, pero se demostró que algunas muertes que se había apuntado en su palmarés eran falsas, ya que muchas personas que decía haber matado aún vivían. Sin embargo, los investigadores dicen que dado el alto número de desapariciones de personas producidas durante los seis meses que estuvo abierto el "Castillo Holmes", el número de muertes podía ser incluso de hasta doscientas.

New York Journal, 1896.

Holmes dijo en algunos momentos que Satán lo había poseído, mientras que otra veces proclamaba que era inocente. Finalmente fue condenado a muerte. El 7 de mayo de 1896 fue ahorcado a la edad de treinta y cuatro años; sin embargo, su muerte fue lenta ya que el cuello no se rompió en el acto, sino que estuvo asfixiándose entre espasmos durante quince minutos. Sin embargo, hubo testimonios que afirmaban que Holmes había sido indultado o escapado de la muerte. Ante dichas acusaciones, su cuerpo fue exhumado en 2017 y se comprobó que el cuerpo enterrado se correspondía realmente al cadáver de Holmes.

El hotel de Holmes fue objeto de un misterioso incendio (quizás provocado) en agosto de 1895 y se produjeron varias explosiones. Sin embargo, el edificio se mantuvo en pie e incluso fue habitado hasta 1938, momento en el que fue destruido. En la actualidad, el lugar es ocupado por una oficina postal.

El "Hotel Holmes" ha dado lugar a varios libros. Asimismo, inspiró, en parte, la quinta temporada de la serie de televisión *American Horror Story*, que lleva el subtítulo *Hotel*. Uno de los personajes principales de la serie, James Patrick March, está inspirado en H. H. Holmes.

LA NOCHE EN LA QUE LA IMAGEN DE JESÚS NAZARENO COBRÓ VIDA Y CAMINÓ POR CÁDIZ PARA SALVARLA DE LA PESTE

En la ciudad de Cádiz (España) hay una imagen muy conocida de Jessús Nazareno. La imagen representa a Jesús camino del Calvario cargando la cruz. Se desconoce la fecha exacta de la fundación de la Inmemorial, Venerable, Pontificia y Real Cofradía de Nuestro Padre Jesús Nazareno, Santa Cruz de Jerusalén y María Santísima de los Dolores debido a la destrucción de los archivos por el asalto de los ingleses en 1596, pero la primera fecha conocida de su existencia es de 1594. La imagen fue tallada entre los años 1596 y 1602 por Andrrés de Castillejos, del que apenas se conocen datos. Su larga cabellera es de pelo natural, razón por la que es conocido popularmente como *el greñúo*.

A esta imagen se le atribuye un hecho sobrenatural. Ocurrió en 1681, cuando la peste asolaba la ciudad de Cádiz desde hacía tres años. El 22 de julio de ese año, varios vecinos vieron la imagen caminando por la calle dirigigiéndose por su propio pie hacia el Hospital del Rey, en el Campo Santo, donde habían trasladado la enfermería. Allí fue vista por los enfermos mientras caminaba por los pasillos.?El mismo día, 22 de julio, cesó la epidemia de peste.?Este sorprendente hecho fue narrado en las crónicas de su época, contando como especial testimonio el del comerciante saboyano Raimundo de Lantery, que en ese momento residía en Cádiz. He aquí un extracto de sus Memorias en el que narra lo acontecido:

"El día de la Magdalena, 22 de julio, cesó totalmente, que se conoció evidentemente fue milagro de Jesús Nazareno, porque en dicho curso de la enfermedad le vieron presente, andar por las salas de los enfermos en el hospital del Rey, en el Campo Santo, adonde llevo dicho habían hecho la enfermería. Y por Isabel Garrido, religiosa del convento de Santa María... pues esta señora testificó que estando en oración en su dicho convento, en aquella tribuna que cae enfrente del altar de dicho Jesús Nazareno, pasada la media noche, vio bajar a Jesús de su nicho con la cruz a cuestas y salir por la puerta principal de la iglesia, que se abrió por sí misma. Y aquella misma noche, pasando dicho Jesús enfrente de la portería de la Compañía, el racionero don Felipe de Acosta el Viejo... oyó tocar una campanilla en la calle, y como era a deshora, se asomó a una ventanilla en su cuarto que caía a aquella parte, y dijo que vio a Jesús Nazareno con la cruz a cuestas, andar por su pies hacia los Descalzos con la Magdalena tras Él, que es el camino que va derecho al Hospital Real. Y se cree fue aquella misma noche que los enfermos lo vieron andar con su cruz a cuestas por esas sales pues desde entonces paró el mal... y desde entonces han puesto en las patentes de sanidad que el cabildo a los capitanes de las naos, y otras embarcaciones, cuando salen de esta bahía para otras partes, dos imágenes de Jesús Nazareno y la Magdalena como protectora de la peste".

Como el día en el que ocurrió era 22 de julio, festividad de Santa María Magdalena, el Cabildo Catedralicio ordenó que se realizara una talla de María Magdalena que acompañara a la de Jesús Nazareno. En recuerdo del hecho, todos los años, el día 22 de julio,?la Cofradía de Nuestro Padre Jesús Nazareno celebra unos actos en los que la Eucaristía comienza con la lectura del anterior fragmento de las

Memorias de Raimundo de Lantery que anteriormente hemos reproducido.

Ocurriera o no realmente lo narrado hubo muchos testimonios y provocó que los pobladores de la ciudad de Cádiz aumentaron su ya conocida devoción por Jesús Nazareno. Esto no impidió que el 18 de marzo de 1936, en los acontecimientos previos a la Guerra Civil, varios exaltados asaltaron el Convento de Santa María y le prendieran fuego. Se logró salvar de la quema la cabeza y los brazos de la imagen gracias a la intervención de algunos vecinos, siendo restaurada la imagen por Antonio Bravo en 1938.

En la actualidad, el Nazareno tiene el honor de ser Regidor Perpetuo de Cádiz.

EL TERROR DE LOS ZOMBIS REALES DE HAITÍ CREADOS CON VUDÚ

En la actualidad hay una auténtica "invasión zombi" causada por libros, películas, series y escenificaciones realizadas por ciudadanos que actúan como actores aficionados; pero más de un interesado por el tema se sorprendería al saber que los zombis (o algo parecido a lo que tenemos en mente) existen realmente.

La palabra zombi (*zombie* en inglés) proviene de la zona de Ángola y el Congo y se refiere a un "retornado"; es decir, a un muerto que ha vuelto a la vida. La popularización de la palabra y el hecho de que pasara a ser reconocida mundialmente se halla en Haití. Allí, los esclavos traídos de la costa oeste de África mezclaron sus religiones autóctonas de carácter animista con algunos elementos del cristianismo para dar lugar al vudú.

Dentro del vudú existe la figura del *bokor*, el temido brujo vudú capaz de crear terribles conjuros y convertir a las personas en zombis.

El antropólogo Alfred Métraux (1902-1963) realizó un estudio en Haití que plasmó en un libro titulado *Voodoo en Haití* (1959) donde recogía la creencia popular de que existían zombis creados por los brujos del vudú. Era una de las primeras ocasiones en las que un científico de primera línea recogía la creencia popular del vudú en un libro.

Según el vudú, en el ser humano existen dos factores que conviven normalmente: el *Gwo Bon Anj* (que podría identificarse con el alma o el principio vital) y la *Ti Bon Anj* (que algunos identifican con la conscienca y la memoria, y otros con la voluntad). Estos dos elementos son en principio inseparables, salvo que un *Bokor* actúe con su magia y capture la *Ti Bon Anj* gracias a un misterioso polvo. De esta manera, una persona estaría "animada", pero carente de voluntad propia, quedando a merced del *Borok*.

Hay numerosos testimonios de personas que tras morir (o estar aparentemente muertas) han vuelto a la vida, pero éstas carecían de voluntad propia y estaban a merced de un *Bokor*. Muchas veces se ha dicho que se tratan de enfermos mentales que se parecen a otras personas realmente fallecidas; la familia cree ver en esa persona a su familiar fallecido. Además, esta hipótesis se fundamenta en que, según dicen muchos de los propios haitianos, los naturales de Haití tienen gran parecido entre ellos. Lo enfermos mentales serían "adoptados" y sustituirían al familiar fallecido. Ahora bien, esto puede haber pasado en alguna ocasión, pero resulta extraño que sea la norma general para casos que surgen de manera más o menos habitual

El antropólogo Wade Davis (n. 1953) viajó a Haití en la década de 1980 y narró la historia de un hombre que dijo haber estado trabajando varios años como zombi en una plantación de plátanos. Davis afirmó que se hizo con una muestra del misterioso polvo convertidor de personas en zombis y lo mandó analizar. Según el investigador, al analizar el polvo se encontró tetradotoxina (un paralizador presente en el pez globo); a éste se sumó la presencia de datura metel, datura stramonium y ducuna pruriens, todos ellos de efecto alucinógeno. Por efecto de esas drogas, una persona podría estar continuamente narcotizada y ser convertida en un auténtico esclavo. Davis expuso su teoría en un libro titulado *The serpent and the rainbow* (1985), que dio lugar a una película con el mismo título dirigida por Wes Craven en 1988. A la teoría de Wade Davis se opusieron aquellos que dijeron que la muestra analizada no era la utilizada por un *Borok* para crear un zombi o que las cantidades descubiertas en el polvo zombi no eran suficientes como para anular la voluntad de una persona. Tras Wade Davis han sido mucho los que han seguido manteniendo la existencia de los zombis, pero no como muertos vivientes, sino como esclavos drogados por hechiceros. La pócima utilizada estaría compuesta por tetradotoxina y otros alucinógenos.

Entre los zombis hay que distinguir las personas que desaparecen misteriosamente de las que son verdaderamente enterradas al creer que han fallecido. Si es así, o se entierran muertos y vuelven a la vida o son enterrado vivos. Para los casos de enterramientos la ciencia explica que son auténticos enterramientos de personas en vida, pero que al estar bajo los efectos de las drogas (especialmente la tetradoxotina), la respiración y el ritmo cardíaco es casi imperceptible, por lo que se les da por muerta. Son enterradas a poca profundidad y con el metabolismo tan ralentizado que son capaces de sobrevivir con poco oxígeno hasta que son desenterrado por el brujo o sus ayudantes.

En la actualidad, el misterio sobre los zombis de Haití persiste por mucho que algunos antropólogos o científicos digan haber encontrado una explicación racional al fenómeno, de manera que muchos haitianos temen que, algún día, puedan levantarse de la tumba como zombis.

LOS SÍMBOLOS DE LA MASONERÍA

El secretismo o el carácter discreto de la masonería dificulta saber en qué consiste al 100 %. Yo, que soy ajeno a cualquier sociedad secreta o discreta, no dispongo de especiales revelaciones en la materia, pero otros investigadores se han dedicado a investigar el tema con bastante profundidad.

Es muy frecuente que veamos algunos símbolos relacionados con la masonería, incluso de forma inesperada en algunos edificios.

<u>La escuadra y el compás.</u>

El primero que vamos a analizar es la Escuadra y el Compás. En realidad, encaja con el origen y nacimiento de la masonería que, según la mayoría de los investigadores, está relacionado con los gremios de artesanos y constructores en el siglo XIII (aunque algunos encuentran su origen en el antiguo Egipto y la construcción de las Pirámides). La escuadra y el compás alcanzó un carácter simbólico:

- La Escuadra simboliza lo material. Asimismo, representa el ángulo recto que debe guiar la vida del masón.

- El Compás es lo espiritual. Al representarse abierto en 90 grados, sería el máximo grado de conocimiento, ya que sobre lo queda fuera de él no cabe entendimiento humano. Además, marca los límites del comportamiento del masón. Cuando el que realiza los trabajos o ritos es el "Maestro", el compás se sitúa sobre la escuadra representando el dominio del espíritu sobre la materia.

Es frecuente encontrar la letra "G" en medio de la escuadra y el compás. La "G" es la primera letra del acrónimo "G.A.D.U."; es decir: "Gran Arquitecto Del Universo". Éste es un Ser Supremo y perfecto que nos guía de las tinieblas hacia la luz. Como la masonería no es una religión, no cabe identificarlo con un dios, sino más bien como un principio ordenador o Logos al que cada masón puede darle una personalidad o contenido distinto.

<u>El Ojo que todo lo ve o Delta Luminoso.</u>

Es frecuente ver la representación de un ojo dentro de un triángulo entre los símbolos utilizados por los masones. Éste es llamado "El Ojo que todo lo ve". Se trata de un ojo abierto situado dentro de un triángulo que desprende una serie de rayos. Es llamado "Delta Luminoso" y "Ojo panóptico".

Algunos quieren encontrar sus precedentes en el "Ojo de Horus", que puede verse en varias representaciones del arte de los antiguos egipcios. El ojo también se encuentra dentro de la *jamsa* o

"Mano de Fátima". En el cristianismo también ha sido objeto de utilización; en este caso, al igual que hicieron posteriormente los masones, es representado como un ojo dentro de un triángulo. El triángulo haría referencia a la Trinidad y el Ojo sería la omnisciencia de Dios.

En la masonería es llamado frecuentemente como "Delta Luminoso", porque el triángulo equilátero coincide con la letra griega "delta" y los rayos que desprende. Estos son sus elementos:

- El triángulo: Hace referencia a la expresión geométrica de la Unidad. Otras teorías dicen que simboliza el cambio que desean realizar en la sociedad. También hay quien dice que coincide con la "daleth" hebrea, cuyo valor numérico y ordinal en el alfabeto hebreo es 4 y coincide con el Tetragrámaton (YHWH o "Yahveh").

-Los rayos o "gloria" simbolizan la grandeza, a la vez que el deseo de expansión.

- El Ojo representaría a ese Gran Arquitecto del Universo del que hablamos en otra entrada. Para otros, además, sería la manifestación de control de los miembros de la masonería y de la sociedad en general.

El símbolo del "Delta Luminoso" aparece en varios documentos importantes que parecen demostrar la presencia de miembros de la masonería en relevantes acontecimientos:

Declaración Universal de los Derechos del Hombre y del Ciudadano declarada en Francia 1789. Arriba se encuentra el Delta Luminoso.

Detalle de un billete de 1 Dólar de los Estados Unidos de América.

El uso de las abreviaturas y de los tres puntos.

Entre los escritos de los masones, tanto oficiales como oficiosos, es frecuente que se utilicen palabras que parecen entrañar un gran misterio, pero en realidad no suelen ser mensajes cifrados, sino simples abreviaturas. Lo caracterrístico es que detrás de cada letra se añaden tres puntos (∴) que representan las tres luces del Ara (el Altar) y se relaciona con el número "mágico" 3. Vamos a ver las abreviaturas más comunes:

- Q∴H: Querido Hermano. O su variedad en plural (Q∴Q H∴H: Queridos Hermanos).

- T∴A∴F: Triple Abrazo Fraternal.

- S∴F∴U: Salud Fuerza Unión.

-G ... A ... D ... U ... : Gran Arquitecto Del Universo.

- G ... A ... : Gran Arquitecto.

- A ... L ... G ... D ... G ... A ... D ... U ... : A la Gloria del Gran Arquitecto del Universo.?ç

- L...I...F: Libertad Igualdad Fraternidad.

- Ap... o Apr... : Aprendiz.

- Cab ... : Caballero.

- D ... M ... J ... : Deus Meunmque jus, que quiere decir: Dios y mi derecho.

- E ... J ... : Equidad y Justicia.

- F ... E ... C ... : Fe Esperanza Caridad.

- F ... F ... : Fuerza y Fidelidad.

- Fr ... : Frater, Hermano.

- F ... M ... : Francmasón.

- G ... L ... : Gran Logia.

- Gr ... L ... : Gran Logia.

- Gr ... Log ... : Gran Logia.

- Gr ... O ... : Gran Oriente.

- G ... O ... : Gran Oriente.

- L ... : Logia.

- Log ... : Logia.

- O ... S ... C ... L ... N ... M ... Q ... O ... S ... C ... : Abreviatura de la frase con que suelen terminar las comunicaciones masónicas y que quiere decir: Os Saludo Con Los Nombres Masónicos Que Os Son Conocidos.

- O ... S ... C ... L ... S ... T ... y P ... M ... Q ... O ... S ... C ... : Otra forma de finalizar las comunicaciones entre los masones que significa: Os Saludo Con Los Signos, Toques y Palabras Masónicos Que Os Son Conocidos.

- R ... C ... : Rosa Cruz.

- R ... E ... A ...Y A ... : Rito Escocés Antiguo y Aceptado.

- R ... H ... : Respetable Hermano.

- Resp ... : Respetable.

- R ... O ... : Real Orden.

- R ... L ... : Respetable Logia.

- Resp ... Log ... : Respetable Logia.

- R ... + ... : Rosa Cruz.

- S ...B ... F ... P ... H ... G ... D ... : Sabiduría Belleza Fuerza Poder Honor Gloria Divinidad.

- S ... F ... B ... : Sabiduría Fuerza Belleza.

- S ... F ... U ... : Sabiduría Fuerza Unión.

- S ... S ... S ... : Salud Salud Salud. Triple saludo.

- V ... M ... : Venerable Maestro.

- V ... I ... T ... R ... I ... O ... L ... : Visita Interiora Terrae, Rectificando Incenies Ocultum Lapidem. (Visita el interior de la Tierra y Rectificando encontrarás la piedra escondida).

Hay más expresiones y abreviaturas, pero analizamos sólo estas como ejemplo del gusto de la masonerería por el uso de las abreviaturas.

LA NOCHE QUE PASÓ NAPOLEÓN EN LA GRAN PIRÁMIDE QUE LE DEJÓ PERTURBADO (ATERRORIZADO, SEGÚN OTROS)

La Gran Pirámide de Guiza (también llamada de Keops o de Jufu) fue construida alrededor del 2570 a.C. y es la primera y de mayor tamaño de la necrópolis de Guiza. El misterio siempre ha acompañado a las pirámides de Egipto y, concretamente, a la Gran Pirámide. El misterio comienza con su construcción, ¿cómo fue posible construir la gigantesca pirámide con medios tan rudimentarios? No se sabe con exactitud, pero se cree que utilizaron 2.3 millones de bloques de piedra con un peso por cada bloque de, aproximadamente, 2.5 toneladas. Por otro lado, ¿cuál era el objetivo de su construcción? Se sabe que era una tumba, pero quizás algo más, aunque ese es otro tema distinto del que vamos a tratar aquí.

Gran Pirámide de Guiza. Postal del siglo XIX.

Napoleón y Egipto.

Napoleón Bonaparte (1769-1821) había sido nombrado emperador de Francia en 1804, con tan sólo treinta y cinco años. Es considerado uno de los mayores genios militares y políticos de la historia. En 1798, cuando era un importante general, dirigió una campaña que pretendía conquistar Egipto, entonces provincia otomana. La intención principal era cortar el suministro comercial que Gran Bretaña mantenía con la India. Con inferioridad numérica, el ejército napoleónico venció al ejército enemigo (formado por otomanos y mamelucos, además de ser apoyados por los británicos) en la llamada Batalla de las Pirámides. Egipto pasaba a ser independiente, aunque en realidad era algo parecido a un protectorado francés.

Napoleón no sólo formó su ejército de militares, sino que fueron acompañados de ciento sesenta y siete científicos y especialistas, entre los que había botánicos, ingenieros, historiadores, etc. El interés por Egipto no era sólo militar, económico o político, sino también científico. En Europa, todos se preguntaban como habían podido ser construidas las inmensas pirámides y para qué se construyeron. Uno de los mayores logros fue el descubrimiento de la Piedra de Rosetta, que permitió descifrar numerosas inscripciones egipcias.

La noche que Napoleón pasó dentro de la Pirámide.

Cuentan los textos antiguos que grandes conquistadores como Alejandro Magno o Julio César decidieron pasar una noche dentro de la Cámara del Rey. Napoleón no quiso ser menos e influenciado quizás por alguna lectura masónica, esotérica o similar, quiso probar que sucedía dentro de la Gran Pirámide y, concretamente, en la Cámara del Rey.

La Cámara del Rey es de planta rectangular, formada por losas de granito. No tiene decoración ni inscripciones. Lo único que hay es un sarcófago de granito vacío.

La noche del 13 de agosto de 1798, Napoleón bajó a la Cámara del Rey y allí se quedó en solitario durante siete horas. Qué hizo o qué paso dentro, no se sabe. ¿Dormiría dentro del sarcófago de granito? ¿Se quedaría sentado pensando? ¿Daría vueltas por la pequeña cámara? No sé sabe. Lo que sí se sabe es que a la mañana siguiente salió totalmente perturbado, algunos dicen que aterrorizado. Algo había cambiado en su personalidad. Para muchos, había realizado un viaje iniciático y místico. Había descubierto "algo" durante esa noche que pasó en la Gran Pirámide que no reveló a nadie. Pudo ser una psicosis debida al silencio y la soledad. Quizás fue el momento en el que puso con él la presión de sostener un imperio a sus espaldas. Puede que fuera una combinación de sensaciones y electromagnetismo. O quizás fue algo más metafísico. No sé sabe.

<u>Los últimos descubrimientos sobre la Gran Pirámide y la Cámara del Rey.</u>

En el siglo XIX se descubrieron unos pequeños conductos de ventilación. Estos existen no sólo en la Cámara del Rey, sino también en la de la Reina, situado más abajo. Ahora bien, los egiptólogos, más que considerar que cumplieran una función de ventilación, creen que tenían una función religiosa. Servían como vías de escape del alma del faraón hacia el firmamento, puesto que cada uno de los conductos apunta directamente a una estrella o constelación de especial relevancia para los egipcios.

Bonaparte ante la Esfinge (1867-1868).
Autor: Jean-Léon Gérôme (1824-1904).

Por otro lado, en 2018, investigadores rusos descubrieron que la Gran Pirámide concentra gran cantidad de electromagnetismo en sus cámaras internas y en la base. ¿Sería esta gran concentración de radiación electromagnética la que haría "delirar" a Napoleón?

El misterio sigue, no sólo sobre las pirámides sino sobre lo que vivió Napoleón (y antes Alejandro Magno y Julio César) dentro de la Gran Pirámide.

Retrato de Napoleón en su gabinete de trabajo,
en el Palacio de las Tullerías. Autor: Jacques-Louis David (1748-1825).

NIKOLA TESLA Y SU "PROFECÍA" EN 1909 SOBRE EL TELÉFONO MÓVIL, INTERNET Y EL WIFI

El titular parece exagerado, pero no lo es. Nicola Tesla (1856-1943), el gran inventor serbocroata afincado en Estados Unidos, predijo la invención de un aparato que hoy se identificaría con los *smartphone*. ¿Y cuándo ocurrió? Pues nada más y nada menos que en 1909, en una entrevista del *New York Times* titulada *Wireless of the future* (*Inalámbrico del futuro*) y que fue también reproducida en la conocida revista de la época *Popular Mechanics*. Veamos lo que decía Tesla a principios del siglo XX cuando trabajaba en su Torre Tesla con la transmisión de electricidad y datos de forma inalámbrica:

«Pronto será posible, por ejemplo, que un hombre de negocios en Nueva York dicte instrucciones y que éstas aparezcan instantáneamente escritas en Londres o cualquier otro lugar. Este hombre podrá hacer llamadas desde su escritorio y hablar con cualquier persona en el mundo suscrita al teléfono. Solamente será necesario llevar un instrumento no muy caro, no más grande que un reloj, el cual permitirá a su portador escuchar en cualquier sitio, ya sea en tierra o agua, a distancias de miles de millas. [...] La canción de un cantante, el discurso de un líder político, el sermón de una importante personalidad religiosa, la conferencia de un hombre de ciencia, todos podrán tendrán una audiencia repartida por todo el mundo».

Puede leerlo en el idioma original y con un texto más amplio justo aquí debajo:

WIRELESS OF THE FUTURE

(Nikola Tesla in the New York Times)

"The practical applications of the revolutionary principles of the wireless art have only begun. What will be accomplished in the future baffles one's comprehension."

This startling prophecy is made by Mr. Nikola Tesla. In speaking of the utility of wireless transmission in the near future he said: "The attention of the world has been caught and held by the wireless telegraph, and yet this is a very primitive use of the art. So far only electric waves have been used, which have been quickly damped out in their passage through the air. It is possible, however, to transmit electric currents of enormous power for thousands of miles without diminishing their energy. This is not a theory, but a truth established by many practical experiments. It will soon be possible to transmit wireless messages all over the world so simply that any individual can carry and operate his own apparatus. The wireless transmission of power across the ocean, for instance, obviously opens up an entirely new era in mechanical developments.

"It will soon be possible, for instance, for a business man in New York to dictate instructions and have them appear instantly in type in London or elsewhere. He will be able to call up from his desk and talk with any telephone subscriber in the world. It will only be necessary to carry an inexpensive instrument not bigger than a watch, which will enable its bearer to hear anywhere on sea or land for distances of thousands of miles. One may listen or transmit speech or song to the uttermost parts of the world. In the same way any kind of picture, drawing, or print can be transferred from one place to another. It will be possible to operate millions of such instruments from a single station. Thus it will be a simple matter to keep the uttermost parts of the world in instant touch with each other. The song of a great singer, the speech of a political leader, the sermon of a great divine, the lecture of a man of science may thus be delivered to an audience scattered all over the world.

"More important than this, however, will be the transmission of power without wires over great distances. I have been experimenting with a model of a boat operated by electric power transmitted without wires, and the results are astounding. It is possible, I find, to control the movements of the boat absolutely from a central station without electrical connections of any kind. What has been done with a little boat on a small body of water will eventually be done by the largest liners at any distance from land. In other words, an ocean liner may be propelled across the Atlantic ocean at high speed by power directed from a wireless station on shore. We may confidently expect that within a few years many wonders now not dreamed of will be mere commonplaces."

Resulta impresionante como el científico pudo "ver" el futuro en un momento en el que todavía estaba comenzando a comprenderse y controlarse el uso de la electricidad. Muchos lo tacharon de loco. Pero loco o cuerdo, era un genio.

Tesla's Important Advances. Autor desconocido.
Fotografía publicada en Electrical Review, 20 de mayo de 1896.

EL MISTERIO DE LOS BARCOS FANTASMAS CON CADÁVERES QUE LLEGAN A JAPÓN

Desde hace varios años y con diversa separación en el tiempo, llegan hasta las costas de Japón unas misteriosas embarcaciones; en más de un caso, con cadáveres en su interior. En muchos casos, no son más que esqueletos, en otros supuestos los cuerpos están mutilados o solamente decapitados.

El mal estado de las embarcaciones y, aún peor, de los cuerpos, hace difícil su identificación. La explicación más racional es que son barcos provenientes de Corea del Norte. En algunos casos, parece que hay algunas marcas de letras coreanas en las barcas. Pero, ¿por qué llegan hasta Japón estas embarcaciones? Las explicaciones más plausibles son tres, posiblemente compatibles dependiendo del caso:

- Son pescadores norcoreanos, de algún otro país asiático o incluso japoneses, que se adentran en alta mar en busca de una buena captura, pero que debido al mal tiempo acaban naufragando y sus restos acaban en la costa nipona.

- Son ciudadanos de Corea del Norte que desean huir del régimen comunista y se arriesgan a un peligroso viaje a través del Mar del Japón con tal de huir del asfixiante régimen instaurado en dicho país.

- Son espías enviados por Corea del Norte en embarcaciones de pescadores para que puedan llegar hasta Japón sin ser detectados; sólo que, a veces, el viaje acaba mal.

El motivo por el que los cadáveres están mutilados o le faltan la cabezas podría ser debido a la humedad o el oleaje que, acompañado a la putrefacción del cadáver, harían desprenderse algunas partes del cuerpo.

En todo caso, el misterio continua.

ELVIS ESTÁ VIVO – *ELVIS IS ALIVE*

El rey del rock, Elvis Presley, murió el 16 de agosto de 1977 a los cuarenta y dos años de edad. Pero casi desde el primer momento surgieron voces disconformes con la teoría oficial y afirmaron que Elvis no había muerto, sino que había fingido su muerte ya que quería vivir tranquilo, alejado de la prensa, los *fans* y la presión de cumplir con sus contratos.

Adelantándose en el tiempo, hay quien dice que en realidad murió mientras realizaba el servicio militar en Alemania en un accidente de *jeep* entre 1958 y 1960. Los defensores de esta teoría afirman que el gobierno de los Estados Unidos lo sustituyó por un doble al que entrenaron para que imitara su voz y ademanes. Como argumento a su favor dicen que Elvis (o el falso Elvis), al volver del servicio militar, se convirtió en una persona con un comportamiento más acorde a las costumbre sociales, tal y como le interesaba al gobierno norteamericano.

Volviendo a la teoría oficial, encontramos a un Elvis, con sobrepeso, numerosas enfermedades y adicto a las drogas, que murió el 16 de agosto de 1977 en su mansión de Memphis de un ataque al corazón. Voy a presentar los principales argumentos que presentan los defensores que Elvis está vivo. Hay muchos más, pero nosotros nos vamos a centrar en los más conocidos y que pueden tener algo de consistencia:

1- No era su cadáver, sino un muñeco de cera.

Argumentan que el aspecto de Elvis era extraño, como el de un muñeco de cera. Por si fuera poco, aunque Elvis había muerto con unos cuantos (o unos muchos...) kilos de más, el ataúd pesaba muchísimo más de lo que debiera, lo que hizo pensar a algunos que este disponía de un sistema de aire acondicionado para mantener al muñeco de cera en buenas condiciones ante el calor de agosto en Memphis (Tennessee).

2- El error del certificado de defunción.

El certificado de defunción de Elvis ponía que pesaba 76 kgs., cuando realmente pesaba unos 115 kgs.

3- El nombre de su tumba está mal escrito.

En la tumba de Elvis pusieron el nombre de Elvis Aaron Presley. Pero Elvis siempre defendió que su segundo nombre era Aron, no Aaron, y que al registrarlo se equivocaron al escribirlo en su certificado de nacimiento. Resulta bastante extraño que en su tumba pusieran el nombre "equivocado". ¿Era una pista para que supiéramos que, en realidad, no había muerto?

4- Elvis viajó en avión después de muerto.

Parece que Elvis sí hizo un viaje, pero bastante más terrenal. Y es que dos horas después de su muerte, una persona con el nombre de Jon Burrows compró un billete de avión con destino a Argentina.

Nada raro sino fuera porque Jon Burrows era un seudónimo utilizado por Elvis en vida.

5- El seguro de vida de Elvis.

Hasta el momento, nadie ha cobrado el seguro de vida de Elvis. Para muchos, el motivo es porque si se cobrara se estaría cometiendo un delito, ya que aún está vivo.

6- Las fotografías de Elvis tras su supuesta muerte.

En 1984 aparece una persona muy parecida a Elvis tras Mohamed Ali.

7- Elvis aparece como extra en "Sólo en Casa 2" (1990).

Esta parece un poco disparatada, pero tiene sus seguidores.

8 - Elvis siguió cantando con el nombre de Orion.

En 1997 apareció la noticia de que había un cantante enmascarado con el nombre de Orion cuya voz y aspecto físico eran muy similares a los de Elvis. Actualmente, se da por seguro que se trataba de Jimmy Hugues Bell (1945-1998), cuyo parecido físico y de voz con Elvis era muy similar. Los más testarudos piensan que era Elvis, que no pudo evitar el seguir cantando de manera más modesta con un seudónimo y que también fingió su muerte cuando fue descubierto.

Incluso si curiosean por internet verán como hay personas que se han dedicado a hacer simulaciones del aspecto físico que tendría Elvis en la actualidad. En todo caso, si alguien tiene un vecino y sospecha que se parece a Elvis más de la cuenta, que no dude en escribirme.

CIENCIA, CONSPIRACIONES Y *CONSPIRANOÍAS*

CHEMSTRAILS: "¡NOS ESTÁN FUMIGANDO!"

Que nos están fumigando no lo digo yo, sino varios colectivos como personas a título individual. Y para ellos, ¿cómo nos están fumigando? Pues con aviones que vuelan a mayor o menor altura. La prueba son los denominados *chemtrails* o estelas químicas; es decir, esas estelas blancas que aparecen en el cielo y se quedan durante un tiempo allí arriba hasta que acaban por difuminarse. La teoría oficial afirma que son áreas de condensación causadas por el incremento de humedad producido en la atmósfera al quemarse el combustible junto al cambio del presión producido en la atmósfera y que surge de las alas del avión al desplazarse a tan alta altura.

Fotografía de la *Administración Nacional Oceánica y Atmosférica de los Estados Unidos de América.*

Frente a esta teoría, algunos dicen que el fenómeno se ha incrementado notablemente a partir de la década de los 90 del siglo XX y que muchos *chemtrails* duran más tiempo que las estelas de condensación normales, dejando pruebas físicas. La cuestión da que hablar incluso políticamente, hasta el punto de que el Movimiento 5 Estrellas (partido político italiano) presentó una pregunta al respecto en el Parlamento Europeo en marzo de 2015.

Pero vamos por partes, veamos las teorías sobre los temibles *chemtrails* y los oscuros fines que supuestamente persiguen:

1- Para causar infertilidad en los habitantes y así disminuir la población mundial.

En los últimos años se ha producido una deficiencia en la cantidad y calidad del esperma masculino. Según algunos, con la fumigación secreta se consigue este resultado, ya sea por efecto directo al caer determinadas sustancias químicas sobre el aire que respiramos o al afectar al agua que bebemos o a las verduras y frutas con las que nos alimentamos. Indirectamente, también es posible que sean los animales que luego consumimos los que absorben esas desconocidas sustancias químicas para luego pasar a la cadena alimentaria.

El objetivo sería frenar el aumento de la población mundial, cuyo crecimiento se antoja insostenible en el futuro. Ahora bien, si atendemos a los últimos datos, vemos como la población mundial no para de crecer, especialmente en algunos continentes como África o Asia. Así que, o bien allí no fumigan o no utilizan las sustancias adecuadas y sólo hacen efecto en los occidentales.

2- Están controlando el clima de forma secreta.

Que se puede actuar sobre el clima de manera relativamente eficaz es posible. El caso más conocido es el de "bombardear" las nubes con yoduro de plata para provocar lluvia; pero si la finalidad fuera positiva para el ciudadano como aumentar las precipitaciones, ¿por qué ocultarlo? Por otro lado, no parece que esté lloviendo más, sino más bien que escasean las precipitaciones, ya sea por el calentamiento global u otros fenómenos.

También hay algunos que defienden que es una forma de producir un oscurecimiento global al disminuir la llegada de la luz solar, que encontraría un obstáculo en las estelas químicas. Los *chemtrails* actuarían como una especie de sombrilla. De todas formas, la eficacia sería localizada, ya que las estelas químicas no ocupan una gran superficie del cielo, sólo una pequeña parte.

¿Y si lo que provocan es la sequía? Pero, ¿por qué harían eso? Las mentes más "conspiranoicas" podrían pensar que es para causar un aumento de los precios de los alimentos y así beneficiar a algunas empresas concretas.

3- Mensajes escritos en el aire.

Según esta teoría, serían notas escritas en el aire con fines desconocidos (supuestamente militares o de espionaje). Resulta un poco raro acudir a estos medios existiendo tantas formas de comunicación más sencillas, rápidas y menos visibles (teléfono, internet, etc,).

Ahí queda el misterio. Por si alguien quiere profundizar, hay numeroso material en internet (de más o menos credibilidad). Destaco un reportaje realizado en el conocido programa *Cuarto Milenio* en el que analizaron unos polímeros supuestamente caídos del cielo desde unos *chemtrails*. En dicho programa confirmaron que, según los resultado del análisis, eran filamentos con partículas metálicas y polímeros sintéticos de procedencia desconocida.

VIRUS PREHISTÓRICOS QUE PUEDEN VOLVER A LA VIDA

Últimamente aparecen noticias que sobrecogen: virus con decenas de miles de años que vuelven a la vida.

En el año 2000, investigadores de la Universidad de Aux Marseille descubrieron bajo espesas capas de hielo un virus de 30.000 años de antigüedad al que llamaron Phitovirus Sibericum. Popularmente fue conocido como "Virus gigante" por su gran tamaño (desde el punto de vista de los virus, claro). Como muchos sabrán, los virus pueden mantenerse en estado latente (no activo, ¿no vivo?) durante determinado tiempo en concretas circunstancias. El Phitovirus Sibericum, debido a las bajas temperaturas, se mantuvo latente hasta que en el año 2014, los científicos decidieron "revivirlo"; para ello lo introdujeron en una ameba y allí se multiplicó cientos de veces hasta que la ameba se rompió.

No es el único virus prehistórico descubierto. En el año 2015 se descubrió otro virus prehistórico (también de gran tamaño) al que llamaron "Mollivirus".

Ahora surge la inquietante pregunta: ¿es posible que "reviva" un virus que sea peligroso para la humanidad? La respuesta es afirmativa. ¿Es probable? En esto último no se ponen de acuerdo los científicos, pero la posibilidad existe. Ya sea por obra del hombre o fruto del descongelamiento debido al calentamiento global, puede resurgir un virus que afectaba a Neandertales o a alguno de nuestros antepasados y causar epidemias que parecían haberse extinguido hace tiempo. Evidentemente, la medicina moderna está preparada para esos casos, ¿o no? Virus conocidos desde hace décadas como el ébola o el SIDA sigue causando estragos; el SARS-CoV-2 (COVID-19) ha causado muchísimas muertes y una crisis económica global. ¿Qué podría hacer entonces un virus desconocido y preservado por el frío durante miles de años? La respuesta está bajo el hielo.

CONPLAN 8888: EL EJÉRCITO DE LOS ESTADOS UNIDOS SE HA PREPARADO PARA UN APOCALIPSIS ZOMBI

Aunque suena a argumento de película o de serie de ficción, la realidad es que el ejército de los Estados Unidos realizó un informe en el que se analizaba como debía responderse ante un Apocalipsis Zombi. El documento recibió el nombre de *CONPLAN 8888-11 "Counter-Zombie Dominance".* Fue redactado en abril de 2011 y actualmente está desclasificado. También es conocido como *CONOP 8888.* El documento, redactado por el Pentágono, avisa claramente que: "este plan no fue diseñado como un chiste". La razón de tan aparentemente descabellado plan es que las autoridades civiles y militares de los Estados Unidos deben estar preparadas para un colapso de la civilización tal y como lo conocemos. Y entre todos los tipos de apocalipsis, la idea de una infección que convierta a los civiles en muertos vivientes es una de las que recogía más posibilidades de acción. Tal y como refleja el documento: "las hordas de zombis (...) no temen al dolor ni a la muerte " y crea la necesidad de salvar del enemigo a "los adversarios tradicionales". El órgano encargado de dirigir la defensa y reacción ante los muertos vivientes sería el United Stated Strategic Command (Comando Estratégico de los Estados Unidos).

Destaca el documento que, a pesar de que los Estados Unidos gozan de cierta ventaja geográfica, la densidad del tráfico marítimo y aéreo provocaría que la infección se expandiría rápidamente.

Emblema del Comando Estratégico de los Estados Unidos.

La primera medida sería dictar la ley marcial en todo el país y ordenar el acuartelamiento y fortificación de las bases militares para impedir que la U.S. Army se vea afectada. Tras ello se desplegaría el ejército en todo el país y se tomarían las medidas necesarias para mantener el control o, en su caso, comenzar la reconquista.

¿Cómo se debe actuar en esos casos según el *CONPLAN 8888-11*? Se debe disparar a la cabeza y quemar los cuerpos. Existe el problema añadido de que los ciudadanos infectados negarían estar enfermos, pero el documento es claro ante esas situaciones: deben ser neutralizados con el uso "de todas las capacidades militares disponibles". Si las cosas se ponen muy feas, se autorizaría el uso de tácticas propias de "la guerra nuclear o guerra convencional a escala global".

El objetivo final del plan es poner de nuevo en marcha un gobierno civil y reactivar el poder militar en Fort Meade (sede la Agencia de Seguridad Nacional) y en tres bases aéreas estratégicas: Offuft (Nebraska) y sede del Comando Estratégico, Vandenberg (California) y Whiteman (Missouri). Según el informe, tras unos cuarenta días de batalla, comenzaría a ganarse la guerra.

Con todo esto no queremos decir que el Ejército de los Estados Unidos piense que sea posible una epidemia zombi al estilo de las películas de George A. Romero o de una legión de infectados rabiosos como ocurre en *28 días después;* la obligación del Pentágono es estar preparado para cualquier amenaza y esta es una de las formas de colapso de la civilización más graves que podrían ocurrir. Mientras tanto, cuando leamos libros y veamos películas o series sobre esta temática, quizás no debiéramos pensar que es mera ficción porque ya hay soldados preparándose para esa contingencia.

OPERACIÓN ULTRAMAR SUR: ¿SE ESCAPARON CON VIDA ADOLF HITLER Y VARIOS JERARCAS NAZIS?

Según la versión oficial dada por los alemanes que acompañaron a Hitler en su búnker situado en Berlín, el Fürher se suicidó junto a su esposa, Eva Braun, el 30 de abril de 1945. Hitler se disparó en la cabeza y Eva Braun tomó una cápsula de cianuro. No se descartó que Hitler hubiera tomado el cianuro y se disparara en la sien antes de que le hiciera pleno efecto. Según informaron los nazis sobrevivientes del búnker, varios de ellos trasladaron los cadáveres de Hitler y su esposa y los incineraron en el patio para, posteriormente, enterrar sus restos mientras llovían los obuses del ejército soviético que avanzaba sobre Berlín. Antes de quitarse la vida, Hitler dictó su testamento político en el que anunciaba que se suicidaba para evitar vejaciones en un "espectáculo organizado por los judíos, para el regocijo de las masas histéricas". Según se cree, había quedado impactado por la muerte de Benito Mussolini y la posterior humillación pública de su cadáver en la Plaza de San Loreto, en Milán. El 1 de mayo de 1945, el almirante Dönitz anunció por radio la muerte del Fürher. Las tropas del Ejército Rojo llegaron hasta el búnker y buscaron vivos o muertos a Hitler y a los demás jerarcas nazis que lo acompañaban. Oficialmente, el ejército soviético anunció que no había encontrado los restos de Hitler aumentando el rumor de que podía seguir vivo.

Portada del "The Stars and Stripes" con la muerte de Hitler como gran titular.

Stalin dijo sospechar que Hitler podía haber huido a España o a Sudamérica incluso con la ayuda de los británicos y estadounidenses. Sin embargo, en 1993, con la caída de la URSS se desclasificaron varios documentos de la KGB en los que se descubrió como los soviéticos habían descubierto los restos de un hombre y una mujer; examinaron las piezas dentales y gracias al historial de ambos suministrados por el dentista de Hitler resultó que coincidían. La conclusión era que los restos eran del Führer y Eva Braun. Sin embargo, los soviéticos decidieron mantener en secreto las conclusiones con el propósito de que siguieran las sospechas de que Hitler seguía vivo porque entendían que eso favorecía sus intereses en la Guerra Fría.

Además de Hitler, también se valoraba la posibilidad de que hubieran huido otras personalidades importantes del nazismo cuyos cadáveres no habían aparecido, por ejemplo: Martin Bormann (secretario personal del Fürher), Heinrich Müller (jefe de la Gestapo), Josef Mengele (médico del campo de Auschwit), Alois Brunner (responsable de guetos y deportaciones), Aribert Heim (el "doctor muerte" del campo de Mauthaussen), etc.

Las sospechas de que varios alemanes podían haber escapado con vida sin ser juzgados aumentaron cuando aparecieron dos submarinos en Argentina después de haberse producido la capitulación de Alemania. Los hechos fueron investigados por dos autores argentinos, Carlos Salinas y Juan de Napoli, y plasmados en un libro titulado *Ultramar Sur: la última operación secreta del Tercer Reich (Grupo Editorial Norma, 2002, Buenos Aires - Argentina).*

A continuación, vamos a resumir en que consistió la hipotética Operación Ultramar Sur.

Está contrastado por los historiadores que el 14 de julio de 1945 el submarino alemán U-530 se rindió en la costa argentina. Diez días antes se había hundido el crucero brasileño Bahía, falleciendo trescientas treinta y seis personas. La investigación oficial dijo que fue un accidente; sin embargo, hubo quienes acusaron al submarino U-530 de torpedear al crucero ante el riesgo de ser descubierto, ya que Brasil era una potencia enemiga que había declarado la guerra a Alemania en agosto de 1942. Aunque no está contrastado oficialmente, algunos investigadores dicen que se comprobó que, al arribar a la costa argentina, al submarino le faltaba un bote de goma. En relación con este hecho, Juan Salinas y Carlos di Napoli, dicen en el libro haber descubierto que, el 26 de junio de 1945, la policía de Buenos Aires comunicaba haber visto un submarino alemán en la costa que estaba repostando y que de él salía un bote con un hombre y una mujer que fueron recibidos en la playa por un ciudadano alemán.

Submarino U-530.

El 10 de agosto de 1945, un segundo submarino alemán se rindió en la costa argentina. Se trataba del U-977. Éste había navegado hasta sesenta y seis días en inmersión para no ser descubierto, no emergiendo hasta que no se encontraban en medio del Atlántico. La navegación estuvo a punto de provocar altercados entre la tripulación y de arruinar el motor del submarino. Sin embargo, a pesar de los problemas, consiguió llegar a puerto argentino. Su tripulación fue detenida y trasladada a Estados Unidos. Allí fueron sometidos a varios interrogatorios con la intención principal de saber si habían participado en la fuga de Hitler. En 1947 fueron liberados al no obtener evidencia alguna que les permitiera mantenerlos detenidos.

Submarino U-977.

Las posibilidad de que Hitler, Eva Braun y varios jerarcas nazis hubieran huido a Argentina y se quedaran a residir allí o huyeran a otros países de Sudamérica fue objeto de investigación por los servicios secretos de las fuerzas aliadas. El principal objetivo de las investigaciones era Karl Graf von Luxburg, un conde alemán que residía en Argentina y que se convirtió en el hombre de referencia para los alemanes que emigraban a Sudamérica, donde financiaba un gran número de clubes sociales.

El misterio sigue en el aire, más aún cuando otros jerarcas nazis fueron localizados en Argentina varios años después de haber finalizado la guerra. Esto ocurrió con Adolf Eichmann (miembro de las SS y encargado de la logística de transporte del Holocausto, que fue secuestrado por el Mossad en Argentina y trasladado a Israel, donde fue condenado a muerte y ejecutado) o Erich Priekbe (capitán de las SS y responsable de la Masacre de las Fosas Adreatinas, detenido en Argentina en 1995 y extraditado a Italia, donde fue condenado a cadena perpetua).

¿Huyo Hitler a Argentina en un submarino alemán o se suicidó en su búnker de Berlín? La pregunta sigue sin una respuesta definitiva y quizás siga así por mucho tiempo.

CONSPIRACIONES SOBRE
EL CORONAVIRUS COVID-19

En esta ocasión nos vamos a colocar en la posición de una persona que ve una conspiración en casi todo tema candente; es decir, seremos unos *conspiranoicos*. Nos vamos a centrar en las posibles conspiraciones alrededor de un virus que no necesita ninguna presentación, el coronavirus el SARS-CoV-2 (COVID-19):

1- El coronavirus ha sido creado (o si ya existía, ha sido esparcido) por los Estados Unidos y "lanzado" en China para frenar el desarrollo chino. Argumentos a favor:

* La guerra comercial entre EE.UU. y China, que comenzó en 2018 y se mantiene en la actualidad. El coronavirus ha propiciado el cierre de empresas, fábricas, etc. en China; además de la bajada del yuan y una crisis económica importante.

* Wuhan (donde se inició la pandemia) es una provincia importante de China, con un PIB de 450.000 millones de yuanes.

* El 31 de enero, al poco de iniciarse el brote, EE.UU. cerró la frontera con China. Apenas esperó a un análisis extenso de la OMS al respecto. El motivo podría ser que las autoridades norteamericanas ya sabían que tipo de enfermedad se trataba y su capacidad de contagio porque lo habían creado o esparcido ellos.

2- El coronavirus ha sido creado o esparcido, por China y "lanzado" en su propio país. Argumentos:

* Es una medida de control poblacional. La desaparición de la "política del hijo único" (ahora se permiten dos hijos por pareja) posibilitaría un crecimiento desproporcionado de la población. Como la mortalidad del coronavirus se produce principalmente en personas con patologías previas (en su mayoría de avanzada edad), serviría para reducir la población no productiva.

* Afectar a la economía mundial. Sabiendo que se convertiría en pandemia y se extendería por el planeta, el gobierno China ya tendría pensadas las excepcionales medidas para su control. Tal sería la confianza de las autoridades chinas en si mismas, que esperarían que el coronavirus sería controlado en China, mientras que los estragos serían mucho más altos en las sociedades occidentales, más individualistas y en las que las libertades políticas individuales impedirían tomar medidas expeditivas. Si creemos los datos oficiales, la incidencia en China ha sido mucho más leve que en los países occidentales.

4- El coronavirus ha sido creado o esparcido por el "gobierno en la sombra", que no es sino ese supuesto poder que ejerce el verdadero poder político por encima de instituciones políticas nacionales e internacionales. Argumentos:

* Afectar a la economía de China, ya que el "gobierno en la sombra" está formado por masones u otras sociedades secretas occidentales que ven amenazada su soberanía por el aumento de poder de China.

* Como medida de control poblacional tal y como expusimos anteriormente, pero a nivel mundial.

3- El coronavirus ha sido creado o esparcido por una o varias compañías farmacéuticas para desarrollar antivirales y vacunas que se venderían a precio de oro. Además, las fábricas de mascarillas y líquidos desinfectantes han aumentado muchísimo sus ventas.

4- El coronavirus ha sido creado o esparcido por organizaciones ecologistas radicales para rebajar la contaminación al obligar a cerrar fábricas y la utilización de medios de transportes, especialmente el avión.

5- La OMS, los gobiernos y los poderes fácticos (medios de comunicación social, redes sociales, etc.) ocultan la realidad del coronavirus. Esta teoría podría dividirse en tres:

* Los datos reales son mucho peores que los que se dicen. La enfermedad es mucho más letal que lo que comunica la información oficial, es mucho más contagiosa y hay muchos más infectados.

* Los datos reales son mucho más bajos, pero es un modo de desviar la atención de otros problemas de tipo político, económico, ecológico, etc.

* El coronavirus no existe, siendo un catarro causado por otro tipo de virus que causa la mortalidad esperada en personas que forman parte de los grupos de riesgo.

Hasta aquí una cuantas teorías conspirativas sobre el coronavirus. Hay mucha información, pero científica y oficial, sobre el coronavirus hay numerosas páginas en internet con numerosos estudios e investigaciones que refutan todas o la mayor parte de las anteriores teorías.

JUSTIN BIEBER, EL CORONAVIRUS COVID-19 Y LOS ILLUMINATI

Muchos se preguntarán a qué viene esta ecuación tan extraña. ¿Qué tiene que ver Justin Bieber con el coronavirus COVID-19 y, por si fuera poco, con los Illuminati? Sí, ha leído bien, hablamos de los Illuminati, esa sociedad secreta masónica que, para algunos, maneja los hilos del orden mundial desde hace más de dos siglos. Pues bien, el 16 de marzo de 2020, el cantante Justin Bieber hizo una transmisión en directo (*live*) a través de la red social Instagram. En un momento del *live*, el cantante preguntó por una posible relación entre el COVID-19 y la sociedad secreta de los Illuminati. De forma sorprendente, en ese momento la emisión en directo falló y quedó pausada durante aproximadamente treinta segundos. Cuando la señal volvió, siguió por donde se cortó, con la misma pregunta en el aire y, de nuevo la señal falló y quedó pausada, esta vez, durante dos segundos. ¿Casualidad o *hackeo* por parte de los Illuminati? Las imágenes del vídeo pueden verse en Youtube.

Los más *conspiranoicos* no han tardado en lanzar la teoría de que la logia masónica haya entorpecido la señal por dos motivos: uno sería que ellos estarían detrás del COVID-19 y no quiere que un ídolo de la música hable sobre ello de manera que sus seguidores le sigan en sus afirmaciones; el otro sería que ellos no tienen nada que ver con el COVID-19 y no quieren que ensucien su nombre y surja más odio contra la sociedad secreta. Frente a ellos se manifiestan los que piensan que fue pura casualidad que la emisión del directo fallara justo en esas dos ocasiones en las que se mencionó a los Illuminati. No en vano, en la emisión de los directos o *live la señal puede* fallar en más de una ocasión. ¿Casualidad o conspiración?

¿TIENE SU ORIGEN EL CORONAVIRUS COVID-19 EN UN LABORATORIO?

Cada vez hay más voces, incluso de prestigiosos científicos, que se pronuncian a favor de una teoría que hasta hace poco habría sido calificada de *conspiranoica*: que el origen del Covid-19 se encuentra en un laboratorio; concretamente, en un laboratorio de investigación biológica situado en Wuhan.

Como argumentos a favor se señalan los siguientes:

- En Wuhan existe un laboratorio de biotecnología muy importante. Dicho laboratorio alberga un Centro de Cultivo de Virus.

- En el citado Centro de Cultivo de Virus se conservan más de 1500 virus, muchos de ellos de origen animal.

- El importante medio "The Washington Post" dijo tener información fiable del servicio de inteligencia de Estados Unidos en el que se alertaba de problemas de seguridad en el laboratorio de Wuhan.

- Algunos medios afirman, sin revelar las fuentes por supuestas razones de seguridad, que el primer infectado era un trabajador de dicho laboratorio que trabajaba con virus alojados en murciélagos.

- No se ha podido confirmar el origen animal del virus y se ha hablado de animales tales como el murciélago o el pangolín, pasando por los perros callejeros y una combinación de varios de ellos hasta que una o varias mutaciones les permitieron dar el salto al hombre.

- Los científicos LucMontagnier (descubridor del virus del VIH) y Jean Claude Perez afirman haber investigado el ARN del virus y haber encontrado elementos del VIH y de la malaria. La unión de ambos elementos parece potenciar la teoría de la intervención humana en el nacimiento del virus.

- Otro investigadores señalan que el Covid-19 (también llamado SARS-CoV-2) es una combinación del SARS-CoV, la gripe y el VIH. Una mezcla un tanto extraña que alimenta la teoría de la conspiración.

- El gobierno chino parece haber ocultado información desde un primer momento. A esto se unen las teorías sobre la sospechosa muerte del médico chino Li Wenliang o la desaparición de la doctora Ai Fen. Estos doctores alertaron de la existencia y propagación del nuevo virus.

- Desde un primer momento, el gobierno de los Estados Unidos afirmó que la posibilidad de la intervención humana en la creación del virus era una posibilidad que debía estudiarse.

Como argumentos en contra:

- Hay una multitud de laboratorios de biotecnología repartidos por el mundo, no sólo en Wuhan.

- Las mutaciones de virus pueden dar lugar a un ARN de lo más variopinto que puede dar lugar a similitudes con otro virus ya existentes.

- Los coronavirus y los saltos al hombre se han producido varias veces a lo largo de la historia de manera natural, pero la letalidad, la propagación y el mayor acceso a la información es distinto porque en la actualidad vivimos en un mundo donde las comunicaciones son rápidas y globales.

- No hay pruebas evidentes ni confirmadas de que el primer infectado fuera un trabajador del laboratorio de Wuhan.

- Algunos dicen que es una campaña de desinformación creada por el gobierno de Estados Unidos para culpabilizar a China con el intento de desprestigiar a su gobierno.

Hasta aquí un mero resumen de esta teoría de la conspiración que sigue cobrando fuerza. ¿Sabremos algún día la verdad?

Bibliografía y documentación:

ABC, ¿Cuál es el significado de los símbolos masónicos? 11 de noviembre de 2014.

ANSON, Jay. *The Amityville Horror.* Simon and Shuster, 2019.

Año/Cero. Zombis en el laboratorio. Manuel Carballal, 1 de agosto de 2007.

ASIMOV, Isaac y HAMTULA, RIchard. *Marte.* Garent Stevens Publishing, 2006.

BBC. ¿Qué hay detrás de los "barcos fantasmas" que llegan a Japón? 4 de diciembre de 2015.

BELMONTE AVILÉS, Juan Antonio. *Pirámides, templos y estrellas.*Grupo Planeta Spain, 2012.

BLATTY, William Peter. *El exorcista.* Penguin Random House Grupo Editorial España, 2015.

CHENEY, Margaret. *Nikola Tesla. El genio al que robaron la luz.?*Turner, 2016.

CHEVALIER, Jean. *Diccionario de los símbolos.* Editorial Helder, 2018.

CLARKSON, Michael. *Poltergeists: Examining Mysteries of the Paranormal.* Firefly Books, 2006.

DAVIS, Wade. *La serpiente y el arcoiris..* EMECE, 1986.

Diario de Cádiz, No, la Atlántida no estaba en Cádiz. 7 de enero de 2019.

Diario de Cádiz. OCNI, objeto caletero no identificado. 15 de septiembre de 2019.

El Español. El misterio del cura bueno asesinado para robarle la diminuta Virgen del Cristal. 15 de abril de 2017.

El Mundo. ¿Ha encontrado Manuel la Atlántida? 19 de febrero de 2016.

El Mundo. Los virus que resurgen por el deshielo. 4 de diciembre de 2015.

El Plural: "The Washington Post señala a un centro de investigación de Wuhan con problemas de seguridad como origen del coronavirus". 18 de abril de 2020.

El Universo: "Coronavirus no es una creación de laboratorio". 7 de abril de 2020.

El Universo: "EE.UU. investiga si el virus SAR-CoV-2 nació de un laboratorio chino en Wuahn". 16 de abril de 2020.

El Universo: "El laboratorio de biotecnología de Wuhan, que guarda 1500 variedades de virus, es una controversia mundial". 17 de abril de 2020.

Fox News: "Sources believe coronavirus outbreak originated in Wuhan lab as part of China's efforts to compete with US".

Fox News: "Growing belief that coronavirus originated in Wuhan lab, sourdes say".

FRAGUAS FRAGUAS, Antonio. *Romerías y santuarios de Galicia*. Editorial Galaxia, 2004.

GRESHAM, William Lindsay. Houdini: *The Man Who Walked Through Walls*. Golden Springs Publishing, 2016.

HARRISON, Ted. *The Dead and Resurrection of Elcis Presley*. Reaktion Books, 2016.

La Razón: "El paciente cero se infectó en un laboratorio de Wuhan, según Fox News». 18 de abril de 2020.

La Razón: "Un virus nada común. A vueltas con la teoría de la conspiraciión". 18 de abril de 2020.

LLEÓ, Atanasio. *Los grandes enigmas del universo*. Universidad Politécnica de Madrid, 2013.

LOMAS SALMONTE, Francisco Javier. *Historia de Cádiz*. Silex Ediciones, 2005.

MANNING Rob y SIMON, William L. *Mars Rover Cuiosity: an inside account fron Curiosity's Chief Engineer*. Smithsonian Institution, 2014.

MEE, Nicholas. *The Cosmic Mistery Tour*. Oxford University Press, 2019.

MUÑOZ MALDONADO, José (Conde de Fabraquer). Los *Misterios del Escorial. Espasa Hermanos, 1980*.

NAPOLI DE, Juan y SALINAS, Carlos. *Ultramar Sur: la última operación secreta del Tercer Reich*. Grupo Editorial Norma, 2002.

Newtral: "The Washington Post no ha confirmado el orgien del paciente cero del coronavirus". 18 de abril de 2020.

NICKEL, Joe. *The Science of Ghosts: Searching for Spirits of the Dead*. Prometheus Books, 2012.

Paranormal Witness: The Rendlesham File. Temporada 3, capítulo 20. SyFy - NBC Universal.

PÉREZ, Joseph. *Teresa de Ávila y la España de su tiempo. Ediciones algaba, 2007.*

POPE, Nick; BURROUGHS, John; PENNISTON, Jim. *Encounter in Rendlesham Forest*. Macmillan, 2014.

PROTHERO, Donald R. y CALLAHAN, Timothy D. *UFOs, Chemtrails, and Aliens: What Science Says*. Indiana University Press, 2017.

Revista Popular Mechanics, octubre de 1909.

ROBERTS, Andrew. *?Napoleón, una vida.?*Ediciones Palabra, 2016.

SCHWARCZ, Joe *¿De qué se alimentan los zombis?* Ediciones Robinbook, 2009.

SELZER, Adam. *H. H. Holmes: The True History of the White City Devil*. Simon and Shuster, 2019.

SIERRA, Javier. *La pirámide inmortal*. Editorial Planeta, 2014.

WARREN, Larry; ROBBIND, Peter. *Left at East Gate a First-Hand Account of the Rendlesham Forest UFO Incident.* Cosimo, 2005.

COLECCIÓN TÁNTALO

<u>LIBROS PUBLICADOS</u>

Nº 1: MIGUEL HERNÁNDEZ GILABERT - Opúsculo poético
Antonio Rodríguez Lorca
Nº 2: SUSURROS AL OÍDO DE MI NOCHE - Relatos cortos
José Manuel Serrano Cueto
Nº 3: POEMAS DE AMOR Y LUNA - Poesía
Antonio Rodríguez Morales
Juan Carlos Pedrosa Frende
Nº 4: PLAZAS DE TOROS DE LA PROVINCIA DE CÁDIZ - Ensayo
Francisco Javier Orgambides Gómez
Nº 5: DOS ANDALUCES EN POEMAS Y CANTES (2ª edición) - Opúsculo poético
Antonio Rodríguez Lorca
Nº 6: LA EDAD TEMPRANA - Ensayo
José Manuel Gutiérrez Fernández
Nº 7: EL SENTIR DE LA VIDA - Poesía y prosa
Emilio Monjas Zorzo
Nº 8: VIVENCIAS DE UN PUEBLO - Relato
Emilio Monjas Zorzo
Nº 9: SORAYA - Poesía
José Manuel Serrano Cueto
Nº 10: TODO POR TI - Poesía
Juan M. Ponce Alegre
Nº 11: ALCANDORAS - Poesía
Antonio Rodríguez Lorca
Nº 12: CÓCTEL DE LUCES Y SOMBRAS - Poesía y prosa
Antonio Rodríguez Lorca
Nº 13: SALA DE ESPERA DEL EXPRESO AL PARNASO (2ª edición) - Poesía
Antonio Rodríguez Lorca
Nº 14: AMISTADES DE EROS - Poesía
Antonio Rodríguez Lorca
Nº 15: POÉTICA DEL BALONMANO (2ª edición) - Poesía
Antonio Rodríguez Lorca
Nº 16: EL TEMPLO DE LOS ESPEJOS - Novela corta
Antonio Rodríguez Lorca
Nº 17: ATARDECERES - Poesía
José María Álvarez Galván
Nº 18: INSISTENCIA SOBRE UN MISMO PUNTO - Novela
Isabel Berdugo Conesa
Nº 19: LOS BESOS DE SELENE Y EL MUNDO QUE NOS RODEA - Poesía y prosa
Antonio Rodríguez Morales
Nº 20: LA FELICIDAD DEL ALZHEIMER - Novela histórica
Antonio Rodríguez Lorca
Nº 21: LO QUE SUCEDIÓ Y NUNCA VOLVERÁ - Poesía
Antonio Rodríguez Lorca
Nº 22: F. G. LORCA : SU VIDA, SU OBRA Y MI CRÍTICA
Poesía y prosa (en español e inglés)
Autor en español: Antonio Rodríguez Lorca
Traductor al inglés: José Manuel Cano Franco
Nº 23: PRISIONERO DE LA LUNA, EL SOL Y LAS ESTRELLAS FUGACES - Poesía
Antonio Rodríguez Lorca
Nº 24: CHANTAJE, AMOR Y SANGRE - Drama póstumo
Antonio Pérez Guadix
Nº 25: TAN LEJOS Y TAN CERCA. LA RELACIÓN ENTRE CÁDIZ Y EL RÍO DE LA PLATA - Ensayo
Antonio Rodríguez Morales

Nº 26: EL TREN DEL EMIGRANTE Y OTROS RELATOS - Relatos (Obra póstuma)
Antonio Pérez Guadix
Nº 27: EL TERROR MILENARIO - Novela
Isabel Berdugo Conesa
Nº 28: PRISIONERO DE LA LUNA, EL SOL Y LAS ESTRELLAS FUGACES (6 NARRACIONES PARA MAYORES DE 15 AÑOS) (2ª Edición) - Prosa
Antonio Rodríguez Lorca
Nº 29: LA DESTRUCCIÓN DE TÁJAR (PIEZA TEATRAL EN 14 MOMENTOS) - Teatro
Antonio Rodríguez Lorca
Nº 30: NARRACIÓN DE UNA VIDA ANDALUZA (AUTOBIOGRAFÍA)
Antonio Rodríguez Lorca
Nº 31 : EL SIGLO DE ORO ESPAÑOL - Ensayo
Isabel Berdugo Conesa
Nº 32: DROGA EN LA GUERRA FRÍA - Ensayo
Isabel Berdugo Conesa
Nº 33: PINK FLOYD: VIAJE A LA IMAGINACIÓN - Ensayo
Isabel Berdugo Conesa
Nº 34: RELATOS PARA MIS NIETOS - Relatos
Francisco Martínez Mera
Nº 35: RELATO DE UN DEPRIMIDO - Relato
Antonio Rodríguez Lorca
Nº 36: DESGARROS - Relato
Marpa
Nº 37: TUNDRA - Poesía
Salvador Moreno Díaz
Nº 38: SENUME DEL VIENTO - Poesía
Salvador Moreno Díaz
Nº 39: LAS HIPÉRBOLES ANDALUZAS Y BENIGNO - Novela
Antonio Rodríguez Lorca
Nº 40: HIMNO DE HUETOR TÁJAR
Antonio Rodríguez Lorca
Nº 41: UN BAÚL SIN ZAPATOS - Poesía
Salvador Moreno Díaz
Nº 42: LAS HIPÉRBOLES ANDALUZAS Y BENIGNO (2ª Edición) - Novela
Antonio Rodríguez Lorca
Nº 43: LA FELICIDAD DEL ALZHEIMER (Reedición) - Novela histórica
Antonio Rodríguez Lorca
Nº 44: MIS VERSOS SIN REMEDIO - Poesía
Francisco Martínez Mera
Nº 45: LABERINTOS DE AMOR - Poesía
Salvador Moreno Díaz
Nº 46: VERSIÓN JAPONESA - Poesía
Antonio Jesús Martínez Delgado
Juan Antonio Sevilla Blanco
Francisco Javier Martínez Delgado
Nº 47: UN VIEJO EN LAS ÚLTIMAS - Poesía
Antonio Rodríguez Lorca
Nº 48: LILIPUT Y LA BITÁCORA - Relato
Isabel Berdugo Conesa
Nº 49: LAS HIPÉRBOLES ANDALUZ Y BENIGNO (3ª Edición) - Novela Histórica
Antonio Rodríguez Lorca
Nº 50: MIRA TÚ POR DONDE - Poesía
Francisco Javier Martínez Delgado
Nº 51: ACUÉRDATE DE HUÉTOR TÁJAR (2ª Edición) - Poesía
Antonio Rodríguez Lorca
Nº 52: HISTORIA DE HUÉTOR TÁJAR - Historia
Antonio Rodríguez Lorca
Nº 53: EL ZAGALILLO PESCADOR - Relatos
Álvaro Amores Gil
Nº 54: EL SIGLO DE ORO ESPAÑOL (2ª Edición) - Ensayo
Isabel Berdugo Conesa
Nº 55: DISTENSIÓN TRAS LA GUERRA FRÍA - Ensayo
Isabel Berdugo Conesa

Nº 56: GEOMETRÍA ANALÍTICA PARA LA DISTENSIÓN - Ensayo
Isabel Berdugo Conesa
Nº 57: EFECTOS BURBUJA - Ensayo
Isabel Berdugo Conesa
Nº 58: CÁDIZ, CENTINELA DEL MAR. HISTORIA DE LA CIUDAD EN VERSO Y OTROS POEMAS - Poesía
Gabriel Rodríguez Morales
Nº 59: ENTRE FICCIONES - Relatos
Gabriel Rodríguez Morales
Nº 60: LA POESÍA DEL BALONMANO VISTA DESDE CÁDIZ - Poesía deportiva
Antonio Rodríguez Lorca
Nº 61: FARSA LLAMADA DANZA DE LA MUERTE DE JUAN DE PEDRAZA - Ensayo
Rosa Marcela Gallego Reyes
Nº 62: LOS CICLOS DEL TERRORISMO DESDE LA MEMORIA HISTÓRICA - Ensayo
Isabel Berdugo Conesa
Nº 63: SIGNIFICADO E HISTORIA DE LAS CALLES Y PLAZAS DEL CENTRO HISTÓRICO DE CÁDIZ (1ª edición) - Ensayo
Gabriel Rodríguez Morales
Nº 64: SIGNIFICADO E HISTORIA DE LAS CALLES Y PLAZAS DEL CENTRO HISTÓRICO DE CÁDIZ (2ª, 3ª, 4ª y 5ª edición) - Ensayo
Gabriel Rodríguez Morales
Nº 65: VELADAS POÉTICAS NAVIDEÑAS - Poesía
Isabel Berdugo Conesa
Nº 66: OTRA VEZ EL ABUELO - Relatos
Francisco Martínez Mera
Nº 67: TÚ PONES EL AGUA Y YO EL TÉ - Poesía
Francisco Martínez Delgado
Nº 68: ANTOLOGÍA POÉTICA - Poesía
Antonio Rodríguez Lorca
Prólogo, selección y notas: Gabriel Rodríguez Morales
Nº 69: REFLEXIONES ENTRE EL VÉRTIGO Y LA DESAZÓN - Prosa Poética
Rafael Arauz González
Nº 70: 2012: ANTOLOGÍA POÉTICA - Poesía
Llorenç Vidal
Nº 71: VERSOS ADOLESCENTES - Poesía
Beatriz Pérez González
Nº 72: ALAS DEL SUD - Prosa
Sergio Briones Martín
Nº 73: PALABRAS A TIEMPO. RECOPILANDO HEBRAS DE SUEÑO - Poesía, prosa, relato
VV.AA.
Nº 74: TREINTA POEMAS DE AMOR INSOBORNABLES Y UN FINAL - Poesía
Julio Rivera Cross
Nº 75: HISTORIA DE CÁDIZ EN PROSA Y VERSO - Ensayo y poesía
Gabriel Rodríguez Morales
Nº 76: SENDEROS ETÉREOS - Poesía
Aziz Amahjour
Nº 77: DEPERTARES - Poesía
Isabel Canales
Nº 78: ORÉGANO Y BRONCE - Poesía
Gervasio M. Hernández Palomeque
Nº 79: EN LA HORA CALLADA… SOBREVUELA UN VERSO - Poesía
ESMAR
Nº 80: INSTRUMENTOS DE EJECUCIÓN DE LA PENA DE MUERTE - Ensayo
Gabriel Rodríguez Morales
Nº 81: ANTOLOGÍA POÉTICA - Poesía
Rosario Ayllón
Nº 82: EL DARDO REBELDE - Reflecuentos (Relatos)
Aziz Amahjour
Nº 83: LA CAJITA DE MÚSICA - Poesía
Almudena Gavala Alustiza
Nº 84: SIGNIFICADO E HISTORIA DE LAS CALLES Y PLAZAS DEL EXTRAMUROS DE CÁDIZ - Ensayo
Gabriel Rodríguez Morales

Nº85: ¿ME INVITAS A UN CACAREO? DE AGUADULCE A HUERTO, PASANDO POR UTOPÍA. CUADERNO DE VERDURAS Y PAISAJES - Prosa y poesía
Rafael Arauz González
Nº86: ENVUELTA EN POESÍA - Poesía
Rosario Ayllón Luque
Nº87: MANUAL PARA SER FELIZ. ENQUIRIDIÓN DE EPICTETO - Filosofía, autoayuda
Gabriel Rodríguez Morales
Nº88: EN TODO ESTE TIEMPO - Ensayo, poesía, libro de viajes
Rafael Arauz González
Nº89: EL TRAFICANTE PRESO DE AMOR - Novela de ficción
Álvaro Amores Gil
Nº90: CÓMO SER SABIO Y FELIZ SEGÚN SÉNECA. FRASES EXTRAÍDAS DE SUS CARTAS A LUCILIO - Filosofía, autoayuda
Gabriel Rodríguez Morales
Nº91: GUÍA PARA SER FELIZ. SIGUIENDO LAS MEDITACIONES DE MARCO AURELIO - Filosofía, autoayuda
Gabriel Rodríguez Morales
Nº92: MISTRERIO NON STOP, FANTASMAS, LEYENDAS, OVNIS, TEORÍAS DE LA CONSPIRACIÓN,... - Esnsayo
Gabriel Rodríguez Morales
Nº93: VERITAS LIBERABIT VOS. DIARIO DE LAS VOCES DEL PASADO - Novela
Antonio Rodríguez Morales